AF524115

Karl-Josef Kuschel

Auf dem Seil:

FRANZ KAFKA

Karl-Josef Kuschel

Auf dem Seil: FRANZ KAFKA

Eine Würdigung

Patmos Verlag

»Alle seine Bücher schildern das Grauen geheimnisvollen Unverständnisses, unverschuldeter Schuld unter den Menschen. Er war ein Künstler und Mensch von derart feinfühligem Gewissen, dass er auch dorthin hörte, wo andere, taub, sich in Sicherheit wähnten.«
Milena Jesenská, 1924

»Der Dichter war Jude, und ohne Zweifel hat er, bewußt und unbewußt, aus den Traditionen, Denk- und Sprachgewohnheiten des Prager und überhaupt des östlichen Judentums eine Menge von Erbgut mitgebracht; seine Religiosität hat unverkennbar jüdische Züge. Aber sein bewußter Bildungsgang scheint von christlich-abendländischen Mächten mehr als von jüdischen beeinflußt, und vermutlich hat er nicht Thora und Talmud, sondern Pascal und Kierkegaard durch besondere Vorliebe und Hingabe ausgezeichnet.«
Hermann Hesse, 1935

»Jeder Satz spricht: deute mich, und keiner will es dulden. Jeder erzwingt mit der Reaktion ›So ist es‹ die Frage: woher kenne ich das; das déjà vu wird in Permanenz erklärt. Durch die Gewalt, mit der Kafka Deutung gebietet, zieht er die ästhetische Distanz ein. Er mutet dem angeblich interessenlosen Betrachter von einst verzweifelte Anstrengung zu, springt ihn an und suggeriert ihm, daß weit mehr als ein geistiges Gleichgewicht davon abhängt, ob er richtig versteht, Leben oder Tod.«
Theodor W. Adorno, 1953

Inhalt

1 Was ist »kafkaesk«?

Große Schriftsteller des 20. Jahrhunderts haben Erscheinungen unserer Zeit bleibende Bedeutung gegeben. Wer zum Beispiel von einem Thomas-Mann'schen Milieu redet, meint ein Besitzbürgertum im Niedergang; der Roman »Die Buddenbrooks« (1901) trägt nicht zufällig als Untertitel die Zeile »Verfall einer Familie«. Wer einen Brecht'schen Ton anschlägt, meint einen Ton unbekümmerter Frechheit und Schnoddrigkeit ohne Rücksicht auf Konventionen und Empfindlichkeiten: »Erst kommt das Fressen, dann kommt die Moral.« Wer von einer Grass'schen Topografie spricht, meint den Lebensraum einer Metropole, meint die Spiegelungen großer Fragen in der Welt des Kleinen, Lokalen, Provinziellen: Danzig als Mikrokosmos, dessen Strukturen sich weltweit wiederfinden: ob in Paris, London, Dublin oder New York.

Nur einer unter den Großen der Literatur des 20. Jahrhunderts hat es vermocht, seiner Zeit eine Signatur zu geben, die seinen *Namen* trägt: Franz Kafka (1883–1924). Denn dass man unsere Welt als »kafkaesk« erleben kann und erlebt hat, ist nicht zufällig in den allgemeinen Sprachgebrauch übergegangen. Welcher Schriftsteller kann von sich behaupten, dass sein Name »dudenträchtig« geworden ist? Unter dem entsprechenden Stichwort »kafkaesk« liest man im »Großen Wörterbuch der deutschen Sprache«: »In der

Art der Schilderungen Kafkas; auf rätselvolle Weise unheimlich, bedrohlich«.

Seine Schlüsseltexte scheinen denn auch dem Wort durchaus einen heuristischen Sinn zu geben. Es ist die Erfahrung einer Welt als Labyrinth, einer Welt mit ihren massenmörderischen Kriegen, mit KZs und Gulags, mit anonym bleibenden Sicherheits- und Überwachungsapparaten, unüberwindlichen bürokratischen Hürden und undurchschaubaren Einfluss- und Machtstrukturen, denen Menschen sich in der industriell-technischen Moderne ausgeliefert fühlen. Eine ganze Anzahl von Kafka-Leser:innen haben sein Werk so gedeutet, weil sie hier eine parabolisch verschlüsselte und zugleich luzide Diagnose und Prognose unseres Zeitalters zu entdecken glaubten, das wir nicht zufällig als Industrie- und Maschinenzeitalter beschreiben.

Kafka aber hatte hier keineswegs nur »fiktive«, sondern beinahe »hautnahe« Kenntnisse. Als promovierter Jurist ist er in Prag Mitarbeiter einer »Arbeiter-Unfall-Versicherungs-Anstalt« und erlangt so im Spiegel konkreter »Fälle« alltagspraktische Einblicke in die Welt der industriellen Produktion und damit in die der Arbeiterschaft in den zahlreichen Fabriken des Landes. Das schließt die Bearbeitung von Unfällen mit Maschinen ein und zugleich die Ausarbeitung von Vorschriften zur Unfallverhütung. Auch das gehört zu Kafkas Welt. Böhmen gilt gegen Ende des 19. Jahrhunderts als das »industrielle Kernland Österreichs, mit schon damals der Zeit weit vorauseilender und expandierender Technologie. Zwanzig Jahre später, zu Kafkas Zeiten, um 1910, stand die Textilverarbeitung mit 193.000 Arbeitern an der Spitze, gefolgt von Glas, Porzellan und Stein mit 79.000 Arbeitern und dem Maschinenbau samt Metallverarbeitung mit 65.000 Arbeitern.«[1]

Viele sehen es so wie der Philosoph Theodor W. Adorno, wenn dieser in seinen »Aufzeichnungen zu Kafka« (in: Prismen, 1969) das »Schäbige«, das man in den fiktiven Welten von Kafkas Werk finde, als »das Kryptogramm auf der auf Hochglanz polierten kapitalistischen Spätphase« beschreibt, die Kafka »ausgespart« habe, »um sie umso genauer in ihrem Negativ zu bestimmen. Kafka nimmt die Schmutzspuren unter die Lupe, welche von den Fingern der Macht in der Prachtausgabe des Lebensbuches zurückbleiben« (Ges. Schriften Bd. 10.1, 1997, 268).

Dabei dürfte nahezu unbekannt sein, dass der früheste Beleg für das Wort »kafkaesk« schon aus dem Jahr 1938 stammt. Kafka ist keine 15 Jahre tot. Das Wort wird in der englischen Sprache geprägt (»kafkaesque«) und tritt seinen Siegeslauf durch die ganze Welt an. Im Französischen kennt man das Wort »kafkaïen«, im Italienischen und Spanischen »kafkiano«. Ähnliche Wortbildungen gibt es im Schwedischen und Dänischen. Sogar im Japanischen beschreibt dieses Wort die Erfahrung von »bürokratischen Irrgängen der modernen Existenz«.

Ob Kafka selbst sich und sein Werk so verstanden hätte? So pauschal wohl kaum. Reduktionen sind immer fatal. Etiketten auch. Schon sein Prager Freund und späterer Nachlassverwalter Max Brod (1884–1968) sieht sich veranlasst, aufgrund bestimmter Texte ein allzu düsteres Bild von Kafka als Zeitgenossen und Künstler zu korrigieren. Dieser sein Freund habe auch lachen können, betont er (vgl. Kap. 21). Viele seiner Geschichten wie etwa »Die Verwandlung« seien nicht unheimlich, sondern eher komisch, grotesk. Andere Geschichten zeigten nicht allein die Ausweglosigkeit, sondern auch die Sehnsucht nach Gnade, Versöhnung, Dazugehörenwollen.

Dabei lebt dieser Mann ein Leben arm an äußeren Ereignissen. Reisen außerhalb Böhmens, ob an die Nord- oder Ostsee, ob nach Paris, Oberitalien, Südtirol, Wien oder Berlin, sind meist Dienst-, Privat-, Ferien- oder Kurreisen. Einiges davon ist nachzulesen in den Reisetagebüchern (Bd. XII). Von den großen politischen und sozialen Umwälzungen der Zeit wie dem Ersten Weltkrieg und dem Untergang der europäischen Monarchien ist sein Leben nur schwach berührt. Eine Biografie voll von spektakulären Kämpfen? Nicht zu schreiben. Und doch kann man wie Reiner Stach drei umfangreiche Bände (2002–2014) mit den vier Lebensjahrzehnten füllen, die Kafka vergönnt sind, wenn man in jahrelanger Arbeit und in bewundernswerter Akribie jedem Detail nachgeht und auch das lebensgeschichtliche Umfeld rund um Prag mit einbezieht.

Sein Werk? Unvollendet. Gedruckt werden ca. 50 größere und kleinere Prosatexte im Zeitraum von 1908 bis 1924, der Rest bleibt eine Trümmerstätte, genauer: ein Schlachtfeld von Aufzeichnungen, Entwürfen, Notizen, Skizzen und abgebrochenen Romanen. Und doch ist man weit davon entfernt, dieses rätselhafte Werk zu erschöpfen. Hier gilt wohl in der Tat das Diktum Adornos: »Jeder Satz spricht: deute mich, und keiner will es dulden« (ebd., 255).

Sein Privatleben? Ein »Schauplatz« zermürbender, oft demütigender Kämpfe mit dem eigenen Vater, gescheiterter Heiratsversuche mit zwei Frauen und vergeblicher Anstrengungen, sich von der Familie zu lösen, hin- und hergeworfen zwischen Phasen literarischer Produktivität und qualvollen Dürre-Perioden, von rauschhaftem Schreibtrieb und lähmenden Schreibblockaden. In den letzten sieben Jahren ist sein Leben schließlich überschattet von einer tödlichen Krankheit, einer Lungentuberkulose, die am Ende auch auf den Kehlkopf übergreift, was die Nahrungsaufnahme fast ganz zum Erliegen bringt. Und doch ist er eine unverwechselbare Gestalt in der Welt der Literatur, dieser Franz Kafka aus Prag, dessen Leben und Werk bis heute die internationale Forschung umtreibt und dessen Werk längst in den Kanon der Weltliteratur aufgestiegen ist.

Vor 100 Jahren ist Kafka in einem Sanatorium im österreichischen Kierling bei Klosterneuburg an der Donau im Großraum Wien seiner Tuberkulosekrankheit erlegen: am 3. Juni 1924, knapp 40 Jahre alt. Grund genug, die geistige Physiognomie seines Werkes noch einmal nachzuzeichnen und ihn so zu ehren. Den Versuch einer Würdigung will ich schreiben, skizzenhaft, mit eigenem Zugang, ohne Anspruch auf weitere Beiträge zur eigentlichen Kafka-Forschung, aber unter Rückgriff auf einschlägige thematisch relevante Studien in dieser Welt. Aber Jahrzehnte mit eigenen Arbeiten das Gesprächsfeld Literatur und Religion ausleuchtend (vgl. Magische Orte. Ein Leben mit der Literatur, 2022), will ich auch Kafkas Leben und Werk besser zu verstehen suchen und dabei gezielt auch hier der Frage nachgehen, wie sein Verhältnis zum Judentum zu bestimmen ist – jenseits von Vereinnahmung und Ignorierung – und welche Auswirkungen Kafkas Auseinandersetzung mit seinem Judentum auf sein Selbstverständnis als Künstler gehabt hat.

2 Kafkas Personal: Menschen in Zwischenwelten

> »Er ist ein freier und gesicherter Bürger der Erde, denn er ist an eine Kette gelegt, die lang genug ist, um ihm alle irdischen Räume freizugeben, und doch nur so lang, dass nichts ihn über die Grenzen der Erde reißen kann. Gleichzeitig aber ist er auch ein freier und gesicherter Bürger des Himmels, denn er ist auch an eine ähnlich berechnete Himmelskette gelegt. Will er nun auf die Erde, drosselt ihn das Halsband des Himmels, will er in den Himmel, jenes der Erde. Und trotzdem hat er alle Möglichkeiten und fühlt es; ja, er weigert sich sogar, das Ganze auf einen Fehler bei der ersten Fesselung zurückzuführen.« (VI, 239)

Sind das Äußerungen eines Mannes, der sich ausgespannt fühlt buchstäblich zwischen Himmel und Erde? Deuten solche Äußerungen auf ein Werk, das durchdrungen ist von religiösen Fragestellungen von geradezu Dostojewski'schem Tiefgang und das die Aufgabe eines Künstlers darin sieht, mit Hilfe der Literatur den religiösen Grundfragen der Menschheit noch einmal Ausdruck zu verschaffen?

Doch seltsam: Wer mit religiösen oder direkt theologischen Fragestellungen auf den *Schriftsteller* Franz Kafka zugeht, wer in seinen Erzählungen und Romanversuchen, seinen Novellen und Kurzprosatexten nach religiösen, gar jüdischen Themen, Figuren und Problemstellungen Ausschau hält, kommt nicht auf seine Kosten. Im gesamten *literarischen* Werk kann von spezifisch religiösen Themen, Figuren oder Problemstellungen nicht die Rede sein – auch nicht im Blick auf das Judentum, aus dem Kafka nun einmal stammt. Das spielt auf andere Weise in Kafkas Leben und Werk eine Rolle. Wir müssen also zunächst den *Schriftsteller* und Sprachkünstler Kafka kennenlernen, bevor wir thematisch fündig werden können. Dann wird auch das im Nachlass verbliebene Werk heranzuziehen sein.

Ganz selten, dass Kafka direkt *religiöse Menschen* beschreibt, wie etwa jenen »Beter«, um den eine der frühen Prosaskizzen kreist: »Gespräch mit dem Beter«, publiziert 1909 in der von Franz Blei herausgegebenen Zweimonatszeitschrift »Hyperion«. Kafka ist jetzt 26 Jahre alt. Oder wie jenen Gefängnisgeistlichen im Romanfragment »Der Prozess«, der den Protagonisten Josef K. in ein Gespräch über seine Schuld verwickelt und ihm die Parabel »Vor dem Gesetz« erzählt. Oder wie jenen Priester, der seine Messgewänder zerzupft, beschrieben im »Landarzt«, dem gleichnamigen Prosaband im Leipziger Kurt Wolff Verlag von

1920. Aber schon hier wird deutlich, dass dieses Personal keine spezifisch religiöse, sondern eine milieuillustrierende Funktion hat: »Es gab eine Zeit, in der ich Tag um Tag in eine Kirche ging, denn ein Mädchen, in das ich mich verliebt hatte, betete dort kniend eine halbe Stunde am Abend, unterdessen ich sie in Ruhe betrachten konnte« (I, 299) – so beginnt beispielsweise der Prosatext »Gespräch mit dem Beter«, einem Beter, der die Aufmerksamkeit des »Helden« nicht erringt, weil er fromm wäre, sondern weil er sich auf eine skurrile Weise in der Kirche beträgt. Und die Präsenz des Ich-Erzählers in der Kirche hat ohnehin nichts mit Gläubigkeit zu tun, sondern zunächst mit der erotischen Faszination für ein Mädchen.

Es ist schon ein merkwürdiges *Personal,* das uns in den Kafka'schen Erzählungen begegnet – und zwar von Anfang an, als der 25-Jährige, nach einem abgeschlossenen Jurastudium seit Juli 1908 Angestellter der »Arbeiter-Unfall-Versicherungs-Anstalt für das Königreich Böhmen« in Prag, im selben Jahr erste literarische Texte zu veröffentlichen beginnt. Hier ein Gespräch mit einem Beter, dort ein Gespräch mit einem Betrunkenen; hier ein junger Kaufmann, der sich nach einer Konfrontation mit dem eigenen Vater von diesem zum Tode verurteilt findet, dort ein Handelsreisender, der eines Morgens aufwacht und sich in einen Käfer verwandelt sieht; hier ein Landarzt, der zu einem Todkranken gerufen wird und der selber am

Ende den Tod findet; dort ein Schuster wie in der Skizze »Ein altes Blatt« (im Prosaband »Der Landarzt«, 1920: I, 208–210), in dessen Stadt die Nomaden hausen und der sich dem Untergang des Vaterlandes nicht entgegenstemmen kann.

Merkwürdige Gestalten sind es in der Tat, die dieses Werk bevölkern:

- ein Lebewesen auf der Grenze von Affe und Mensch wie in »Ein Bericht für eine Akademie« (im »Landarzt«, 1920: I, 234–245), dem die Rückkehr ins Affendasein ebenso wenig gelingt wie die Akzeptanz des vollen Menschseins;
- ein Offizier auf der Grenze von Rationalität und Wahnsinn wie in der »Strafkolonie« (entstanden Oktober 1914, Einzelpublikation bei Kurt Wolff 1919: I, 159–195), der eine genial konstruierte Folterungsmaschine für Strafgefangene bedient, mit der er sich am Ende selber um Verstand und Leben bringt;
- ein Trapezkünstler wie in der Erzählung »Erstes Leid« (im Prosaband »Ein Hungerkünstler« 1924: I, 249–252), der sein Trapez nicht mehr verlassen will und dessen ganzer Ehrgeiz darin besteht, ein zweites Trapez für seine Übungen zu bekommen;
- ein Hungerkünstler, der hungern muss, weil er die Speise nicht hatte finden können, die ihm schmeckt (I, 261–273);

– ein Lebewesen auf der Grenze von Tod und Leben wie der Jäger Gracchus (entstanden Anfang 1917, im Nachlass: VI, 40–44), ein Untoter, der weiterleben muss, weil er das letzte Schiff zur Abfahrt ins Jenseits verpasst hat und deshalb noch nicht im Totenreich angekommen ist.

Und immer wieder werden von Kafka unverheiratete Männer beschrieben, sogenannte »Junggesellen«: nicht nur Georg Bendemann im »Urteil« und Gregor Samsa in der »Verwandlung«, sondern auch der Bankprokurist Josef K. im Romanfragment »Der Prozess« und der Landvermesser im ebenfalls Fragment gebliebenen Roman »Das Schloss«, von Prosastücken wie »Das Unglück des Junggesellen« (in: »Betrachtung«, 1908: I, 21f.) oder »Blumenfeld, ein älterer Junggeselle« (entstanden Anfang 1915, im Nachlass: V, 180–208) nicht zu reden. Alles in allem Figuren auf der Grenze bei Kafka, oft Bewohner zweier Welten: Einsame, Herumziehende, Heimatlose, Ruhelose, Figuren ohne klare Identität. Sie alle machen dieses Werk unverwechselbar.

Seltsam aber: All diese Figuren, auch wenn sie aus Zwischenwelten stammen, sind Gestalten ohne große Fallhöhe, ohne spektakuläre Herkunft, ohne überragende Größe. Nicht *wer* sie sind, ist entscheidend, sondern was mit ihnen geschieht, was ihnen widerfährt, was an ihnen gezeigt werden kann. Will sagen:

Jeder, der diesen Figuren im Werk begegnet, wird zu einer Überprüfung seiner bisherigen Maßstäbe gezwungen, wird selber in Zwischenräume gezogen, wo die gewohnten Gesetzmäßigkeiten aufgehoben zu sein scheinen, wird konfrontiert mit einer gänzlich anderen Sicht der Wirklichkeit.

3 Kafkas Geschichten: Wirklichkeitsverrätselung

Genau das aber ist es, was Kafkas Geschichten zeigen wollen: nicht kausal erklärbare Wandlungen, sondern plötzliche Verwandlungen; nicht das entwickelte Urteilsvermögen gereifter Individuen, sondern deren plötzliche Verurteilung; nicht einen Lebensweg über viele biografische Stationen, sondern dessen plötzlichen Abbruch. So oder ähnlich fangen bereits die frühen Geschichten Kafkas an, unspektakulär, Normalität suggerierend:

> »Wenn man in der Nacht durch eine Gasse spazieren geht und ein Mann, von weitem schon sichtbar – denn die Gasse vor uns steigt an und es ist Vollmond –, uns entgegenläuft, so werden wir ihn nicht anpacken, selbst wenn er schwach und zerlumpt ist, selbst wenn jemand hinter ihm läuft und schreit, sondern wir werden ihn weiterlaufen lassen.
>
> Denn es ist Nacht, und wir können nicht dafür, dass die Gasse im Vollmond vor uns aufsteigt, und überdies, vielleicht haben diese zwei die Hetze zu ihrer Unterhaltung veranstaltet, vielleicht verfolgen beide einen Dritten, vielleicht wird der Erste unschuldig verfolgt, vielleicht will der Zweite morden,

> und wir würden Mitschuldige des Mordes, vielleicht wissen die zwei nichts voneinander, und es läuft nur jeder auf eigene Verantwortung in sein Bett, vielleicht sind es Nachtwandler, vielleicht hat der erste Waffen.
>
> Und endlich, dürfen wir nicht müde sein, haben wir nicht so viel Wein getrunken? Wir sind froh, dass wir auch den zweiten nicht mehr sehn.« (aus: »Betrachtung«, 1912: I, 25f.)

So der frühe Prosatext »Die Vorüberlaufenden«, erstmals gedruckt Anfang März 1908 in der Zeitschrift »Hyperion«, als Kafka dort erste Prosastücke erscheinen lässt, aufgenommen dann in den Band »Betrachtung«, Kafkas erstes eigenes Buch, 1912 erschienen im Ernst Rowohlt Verlag, Leipzig.

Charakteristisch für diese Szene ist der Einsatz bei einem alltäglichen Vorgang, hier bei einem hypothetischen Nachtspaziergang: »Wenn man ...«. Der Sprecher stellt sich vor, wie er wohl reagierte, wenn ihm nächtens ein Mann entgegenliefe, verfolgt von einem zweiten. Vermutung auf Vermutung stellt er an. Siebenmal ein »vielleicht«. Und auf dieses Spiel mit Hypothesen kommt es Kafka hier offenbar an. Durch eine einzige Möglichkeit hat sich die Wirklichkeit für den Erzähler verändert, sodass nun eine innere Dramaturgie in Gang kommt: vielleicht, vielleicht, vielleicht …

Der nächtliche Spaziergänger umstellt sich mit einem Wall von Hypothesen, mit Fiktionen in der Fiktion. Sie haben nur das eine Ziel, seine Distanz zu rechtfertigen, dem Angesprochensein auszuweichen. Zugleich aber ist klar: Einmal mit der Möglichkeit solcher »Einbrüche« konfrontiert, ist die so sicher geglaubte eigene Wirklichkeit verstört, hat Unruhe die abgesicherte Welt des nächtlichen Spaziergängers erfasst.

Ähnlich die frühe Skizze »Der Fahrgast« (1908):

> »Ich stehe auf der Plattform des elektrischen Wagens und bin vollständig unsicher in Rücksicht meiner Stellung in dieser Welt, in dieser Stadt, in meiner Familie. Auch nicht beiläufig könnte ich angeben, welche Ansprüche ich in irgendeiner Richtung mit Recht vorbringen könnte. Ich kann es gar nicht verteidigen, dass ich auf dieser Plattform stehe, mich an dieser Schlinge halte, von diesem Wagen mich tragen lasse, dass Leute dem Wagen ausweichen oder still gehn oder vor den Schaufenstern ruhn. – Niemand verlangt es ja von mir, aber das ist gleichgültig.
>
> Der Wagen nähert sich einer Haltestelle, ein Mädchen stellt sich nahe den Stufen, zum Aussteigen bereit. Sie erscheint mir so deutlich, als ob ich sie betastet hätte. Sie ist

> schwarz gekleidet, die Rockfalten bewegen sich fast nicht, die Bluse ist knapp und hat einen Kragen aus weißer kleinmaschiger Spitze, die linke Hand hält sie flach an die Wand, der Schirm in ihrer Rechten steht auf der zweitobersten Stufe. Ihr Gesicht ist braun, die Nase, an den Seiten schwach gepresst, schließt rund und breit ab. Sie hat viel braunes Haar und verwehte Härchen an der rechten Schläfe. Ihr kleines Ohr liegt eng an, doch sehe ich, da ich nahe stehe, den ganzen Rücken der rechten Ohrmuschel und den Schatten an der Wurzel.
>
> Ich fragte mich damals: Wieso kommt es, dass sie nicht über sich verwundert ist, dass sie den Mund geschlossen hält und nichts dergleichen sagt?« (aus: »Betrachtung«, 1912: I, 26f.)

Auch hier ist der Ausgangspunkt wieder eine denkbar banale, alltägliche Situation: ein Mann in einer Straßenbahn. Man erfährt von ihm, dass er unsicher sei bezüglich seiner Stellung in der Welt, in der Stadt und in der Familie. Dieses Wort »Stellung« lässt aufhorchen. Der zufällige Standort in der Straßenbahn wird zum Absprungbrett für eine Reflexion über die Stellung des Ich-Erzählers in der Welt überhaupt. Unsicherheit herrscht vor, Unklarheit über das Warum.

Warum man überhaupt hier stehe, warum man sich an der Halteschlinge festhalte, warum man sich von diesem Wagen fahren lasse. »Ansprüche« könne er ja nicht stellen, sich »verteidigen« schon gar nicht. Das ist das eine: Man ist sich *zum Rätsel geworden*. Und das andere: Selbst das Stellen der Warum-Frage geschieht instanzenlos, wird von keinem mehr verlangt, von keinem gefordert. Auch das Wort »Plattform« wird auf einmal rätselhaft.

Dann die Wahrnehmung eines beliebigen Mädchens. Es ist soeben im Begriff, aus der Straßenbahn auszusteigen. Wie bei einer Kameraführung nimmt der Ich-Erzähler dieses Mädchen plötzlich ins Visier. Eine Großaufnahme entsteht, bei der selbst die geringsten Details registriert werden und so eine merkwürdige Bedeutungsaura bekommen. Denn durch die exakte Benennung all der Details am Körper dieses Mädchens, vom Rock über die Bluse bis zum Gesicht, der Nase, der rechten Schläfe, dem Haar, dem Ohr und der Ohrmuschel bekommt dieses Mädchen auf einmal eine seltsame Bedeutung. Diese wird nicht weiter benannt, wohl aber durch genaue Registrierung aller Details *suggeriert,* geradezu provoziert. Erwartungen bei uns Leser:innen werden geweckt, ohne dass sie erfüllt würden. Die Wahrnehmung des Mädchens in der Straßenbahn wird zu einem sinnlichen Ereignis, ohne dass dessen Sinn transparent würde. Das Mädchen wird zu einem Zeichen, ohne dass noch auf etwas verwiesen würde oder Eindeutiges bedeutet würde. So endet dieses Prosastück mit der Rätselfrage als reine Projektion des Betrachters auf dieses Mädchen: mit der Verwunderung darüber, dass dieses Mädchen gar nicht verwundert ist über ihre eigene Stellung in der Welt.

Zwei Beispiele aus dem frühen Werk, die zeigen: Wer sich auf Kafka'sche Texte einlässt, wird nicht mit religiösen Einzelthemen, der wird mit der Frage nach der Stabilität der Wirklichkeit überhaupt konfrontiert. Nach einer Wirklichkeit, die – wie in »Die Vorüberlaufenden« – von einer Fülle anderer Möglichkeiten konterkariert wird oder deren Sinn – wie im »Fahrgast« – in der Schwebe bleibt. Nicht jenseits der Texte, sondern in der Struktur der Texte selbst liegt die Kafka'sche Verrätselung der Wirklichkeit verborgen. Die Texte verweisen nicht auf ein »Jenseits«, auf einen noch zu entschlüsselnden metaphysischen Sinn, sondern brechen erzählstrategisch die eindimensionale, bisher so sicher geglaubte Wirklichkeit auf.

4 Ein »Urteil« ohne Schuld

Nirgendwo hat Kafka, dieser Angestellte einer Versicherungsanstalt, diese Verunsicherungsstrategie beklemmender betrieben als in seiner ersten größeren Erzählung »Das Urteil«, die er nach Angaben im Tagebuch in einer einzigen Nacht geschrieben hat, »in der Nacht vom 22. auf den 23. September 1912 von 10 Uhr abends bis 6 Uhr früh in einem Zug« (X, 101). In Stunden höchster geistiger Konzentration also. »Nur so« könne »geschrieben werden«, hält er fest, »nur in einem solchen Zusammenhang, mit solcher vollständigen Öffnung des Leibes und der Seele« (ebd.). Eine »Sternstunde« der Weltliteratur, dürfen wir in der Rückschau urteilen, denn mit diesem Text beginnt Kafkas produktivste Phase als Schriftsteller. Er wird schon ein Jahr später gedruckt und erscheint erstmals 1913 in dem von Max Brod herausgegebenen »Jahrbuch für Dichtkunst«, »Arkadia«, mit der Widmung »für Fräulein Felice B.«, dann im Oktober 1916 als Einzelpublikation in Kurt Wolffs Buchreihe »Der jüngste Tag«. Diese Erzählung aber hat man in ihrer grundsätzlichen Bedeutung für Kafkas Künstlertum nur dann verstanden, wenn man die Erzähltechnik und die Perspektivenbrechung verstanden hat. Perspektivenbrechung aber ist bei Kafka Ausdruck einer gewollten Wirklichkeitsverrätselung.

Wie harmlos fängt auch diese Erzählung an. Alles verbleibt zunächst im Raum eines jungen Kaufmanns mit Namen Georg Bendemann, der seit dem Tod seiner Mutter vor zwei Jahren mit seinem alten Vater nun in gemeinsamer Wirtschaft lebt. Wir erfahren, dass Georg soeben einem Freund einen Brief geschrieben habe, einem unverheirateten Freund, der in Sankt Petersburg ein Geschäft betreibt. Wirtschaftlich geht es diesem offensichtlich schlecht. Er schwankt zwischen Entfremdung in der neuen Heimat und Entfremdung durch eine mögliche Rückkehr in die alte Heimat. Georg selber ist nach dem Tod der Mutter und dem Teilrückzug des Vaters aus dem Geschäft zu einem erfolgreichen Kaufmann geworden und hat sich überdies mit »einem Mädchen aus wohlhabender Familie« verlobt, einem »Fräulein Frieda Brandenfeld« (I, 43).

Dabei hatte Georg seine Erfolgsgeschichte ursprünglich verschweigen wollen. Der Freund, selber bisher unverheiratet, sollte nicht zu Neid angestachelt, seine Unzufriedenheit nicht noch gesteigert werden. Doch auf ausdrücklichen Wunsch der Verlobten teilt Georg seinem Freund wenigstens das glückliche Ereignis der Verbindung mit und lädt ihn zugleich zur Hochzeit ein. Das alles erfahren wir aus der Perspektive des Sohnes, all das sind Informationen, die uns in seinem Raum zu verstehen geben: Bei Georg Bendemann handelt es sich um einen geschäftlich erfolgreichen und privat glücklichen jungen Mann, der sich nicht nur rührend um seinen alten Vater kümmert, sondern sich mit ebenso viel rührender Anteilnahme um die Lage seines Freundes sorgt, ja, der sich aus Taktgefühl eher zurücknimmt, als dass er in dem Freund Neidgefühle anstachelte.

Mit diesen Informationen ausgestattet, geht man als Leser zusammen mit Georg »quer durch einen kleinen Gang« in einen anderen Raum hinüber, in ein Zimmer jenseits dieses Ganges, in dem Georg – wie es heißt – »seit Monaten nicht gewesen war« (I, 44). Mit dem Vater hatte er vor allem im Geschäft, in einem gemeinsamen Speisehaus oder im gemeinsamen Wohnzimmer zu tun. Zum ersten Mal seit Monaten also betritt Georg die private Welt des Vaters. Und mit diesem Raumwechsel tritt auf einmal ein dramatischer Perspektivenwechsel ein. Wirklichkeitsdramaturgie ist bei Kafka stets auch Raumdramaturgie. Auf ihr beruht die ganze Spannung der Erzählung.

Raumwechsel ist Perspektivenwechsel. Und in der Tat ist aus der Perspektive des Vaters plötzlich alles anders. Auf die harmlos klingende Mitteilung Georgs, dass er dem Freund in Sankt Petersburg nun doch seine Verlobung angezeigt habe, geht der Vater zunächst scheinbar zustimmend ein. Erste Unsicherheiten kommen auf, als der Vater plötzlich anmahnt, Georg solle die »volle Wahrheit« sagen. Seit dem Tod der Mutter seien »gewisse unschöne Dinge vorgegangen (I, 45). Ja, Georg solle den Vater nicht »täuschen«. Täuschen? Täuschen darin – so der Vater plötzlich –, ob er »wirklich diesen Freund in Petersburg« habe (I, 46).

Die Reaktion von Georg ist zunächst noch gelassen. Er ist besorgt um den Gesundheitszustand des Vaters, ja interpretiert dessen Äußerung als die Reaktion eines altgewordenen, psychisch und physisch geschwächten Mannes. Als Sohn macht er sich Vorwürfe, den Vater vernachlässigt zu haben, insbesondere, als er dessen nicht ganz reinliche Wäsche sieht. Er bietet ihm einen Zimmertausch an und beginnt, fürsorglich den Vater zu entkleiden, um ihn ins Bett zu bringen. Ja, er beschließt sogar, unter diesen Umständen den Vater in seinen künftigen Haushalt mitzunehmen, um ihn besser pflegen zu können. Und so trägt er den Vater in dessen Bett, und wiederum scheint alles gut; die Perspektive des Sohnes ist unbelastet, unverwirrt, unzerstört.

Da kommt die zweite Attacke des Vaters. Auf die gutgemeinte Beschwichtigung: »Sei nur ruhig, du bist gut zugedeckt«, wirft der Vater auf einmal die Decke zurück, steht aufrecht im Bett und greift den Sohn frontal an. Denn plötzlich offenbart der Vater, dass er den Freund in Sankt Petersburg kenne:

> »Du wolltest mich zudecken, das weiß ich, mein Früchtchen, aber zugedeckt bin ich

> noch nicht. Und ist es auch die letzte Kraft, zu viel für dich! Wohl kenne ich deinen Freund. Er wäre ein Sohn nach meinem Herzen. Darum hast du ihn auch betrogen die ganzen Jahre lang. Warum sonst? Glaubst du, ich habe nicht um ihn geweint? Darum doch sperrst du dich in dein Bureau, niemand soll stören, der Chef ist beschäftigt – nur damit du deine falschen Briefchen nach Russland schreiben kannst. Aber den Vater muss glücklicherweise niemand lehren, den Sohn zu durchschauen. Wie du jetzt geglaubt hast, du hättest ihn untergekriegt, so untergekriegt, dass du dich mit deinem Hintern auf ihn setzen kannst und er rührt sich nicht, da hat sich mein Herr Sohn zum Heiraten entschlossen.« (I, 48f.)

Ja, plötzlich stellt der Vater auch den ganzen Entschluss des Sohnes, zu heiraten, als das egoistische Unternehmen eines Lüstlings dar:

> »Da hat sich mein Herr Sohn zum Heiraten entschlossen […] Weil sie die Röcke gehoben hat […] weil sie die Röcke so gehoben hat, die widerliche Gans […] weil sie die Röcke so und so und so gehoben hat, hast du dich an sie herangemacht, und damit du an ihr ohne

> Störung dich befriedigen kannst, hast du unserer Mutter Andenken geschändet, den Freund verraten und deinen Vater ins Bett gesteckt, damit er sich nicht rühren kann. Aber kann er sich rühren oder nicht?« (I, 49)

Der entscheidende Stoß ist damit geführt.

Der Sohn? Er, der ein glücklicher, erfolgreicher, liebevoll sorgender und taktvoll zurückhaltender Mensch zu sein schien, steht auf einmal aus der Perspektive des Vaters als rücksichtsloser, liebloser und betrügerischer Egoist da. Und der Vater? Er, der aus der Perspektive des Sohnes ein altgewordener, vernachlässigter, physisch wie psychisch geschwächter alter Mann zu sein schien, entpuppt sich als eifersüchtiger, verschlagener, tyrannischer Greis, der mit dem Freund in Sankt Petersburg hinter dem Rücken des Sohnes gemeinsame Sache gemacht hat, dem Sohn seine Erfolgsstory neidet, ihm Schuldvorwürfe im Blick auf den Tod der Mutter macht und den Freund in Sankt Petersburg gegen den eigenen Sohn ausspielt. Ein Vater, der seinem Sohn in der gemeinsamen Wohnung auflauert. Wahrhaftig, ein »Schreckbild« (I, 49) von Vater:

> »Bleib, wo du bist, ich brauche dich nicht! Du denkst, du hast noch die Kraft, hierher zu kommen und hältst dich bloß zurück, weil

du so willst. Dass du dich nicht irrst. Ich bin noch immer der viel Stärkere.« (I, 50)

Und so, nachdem der Vater mit der Decke, die er von sich schleudert, auch die Decke von Illusionen weggezogen hat, verurteilt er den eigenen Sohn zum Tode: »Jetzt weißt du also, was es noch außer dir gab, bisher wusstest du nur von dir! Ein unschuldiges Kind warst du ja eigentlich, aber noch eigentlicher warst du ein teuflischer Mensch! – Und darum wisse: Ich verurteile dich jetzt zum Tode des Ertrinkens!« (I, 52). Auf diese Weise gänzlich in seinen bisherigen Gewissheiten erschüttert, buchstäblich jetzt ohne Halt, stürzt Georg aus dem Haus und sucht, von einer Brücke ins Wasser springend, den Tod.

Seltsam zu denken, dass Kafka, wie wir biografisch wissen, diese Erzählung vom Todesurteil eines Vaters gegen seinen Sohn in der Nacht des 22. September 1912 geschrieben hat, die zugleich die Nacht von Jom Kippur gewesen ist, dem jüdischen Fest der Sühne des jüdischen Volkes und der Versöhnung mit Gott. Eine »Versöhnung« aber? Sie wird hier in Kafkas Geschichte in der Form des Todes gesucht, der Nichtversöhnung also.

Das also ist es, was die Erzählungen Kafkas enthüllen: die plötzliche Konfrontation des Menschen mit einer anderen Perspektive als der bisher so sicher geglaubten, so krisenfest abgesicherten. Die plötzliche

Enthüllung, dass man Täuschungen erlegen ist über das, was man bisher so sicher annahm, dass als Lüge erscheint, was man bisher so selbstverständlich voraussetzte, kurz, dass alles anders ist, was man bisher für gesichert annahm. »Jetzt weißt du also, was es noch außer dir gab, bisher wusstest du nur von dir!« – das ist der Kernsatz der Kafka'schen Strategie der Wirklichkeitsverrätselung, wo seinen Figuren über die Aufdeckung der Selbsttäuschungen gleichsam der Boden der Sicherheit unter den Füßen weggezogen wird. »Ein unschuldiges Kind warst du ja eigentlich, aber noch eigentlicher warst du ein teuflischer Mensch!« – das ist der Schlüsselsatz zum Verständnis der Kafka'schen Schreibstrategie, genauer: der Sichtbarmachung einer Mehrgesichtigkeit aller Wirklichkeit, wo der Gute jederzeit zum Teufel, der Unschuldige zum Schuldigen, der Gläubige zum Getäuschten werden kann. Nur ein Kafka konnte es sich »leisten«, das Wort »eigentlich« gegen alle sprachlichen Regeln zu »eigentlicher« zu steigern.

5 Verdrängte Wirklichkeit: »Die Verwandlung«

Und die Kehrseite dieser Problematik? Sie besteht in der Beschreibung der Verdrängung dieser plötzlich verstörten Wirklichkeit, im Blindsein für die Ein-Brüche, in der Verharmlosung des Unheimlichen, Fremden. Genau das geschieht in der Erzählung »Die Verwandlung«, geschrieben wenige Wochen nach dem »Urteil« zwischen dem 17. November und dem 7. Dezember 1912, erstmals gedruckt im Oktober 1915 in der Zeitschrift »Die weißen Blätter« unter der Redaktion des elsässischen Schriftstellers René Schickele, dann als selbstständige Publikation im November 1915 in der Wolff'schen Reihe »Der jüngste Tag«.

Denn das besonders Verstörende für uns Leser:innen an dieser Erzählung ist ja nicht allein die Tatsache, dass sich ein gewisser Gregor Samsa, bisher ein erfolgreicher junger Handelsreisender, der bisher redlich auch für seine Familie gesorgt hatte, eines Morgens – aus unruhigen Träumen erwachend – »in seinem Bett zu einem ungeheueren Ungeziefer verwandelt« findet (I, 93). Das Verstörende ist vor allem auch, dass in der Familie (Vater, Mutter, Schwester) niemand wirklich verstört ist. Sicher, Gregors Eltern sind zunächst durchaus beunruhigt, doch scheint das Maß ihrer Beunruhigung in keinem Verhältnis zu dem zu stehen, was ihrem Sohn an Beispiellosem widerfahren ist.

Nicht ein einziges Mal wird das Faktum, dass der eigene Sohn nun als ein Ungeziefer in seinem Zimmer herumkrabbelt, in seiner Ungeheuerlichkeit wirklich thematisiert oder auf Ursachen in der Familie selbst hinterfragt.

Auf Details dieser wie ein Triptychon strukturierten dreiteiligen Erzählung kann ich hier nicht eingehen und verweise stattdessen auf eine kongeniale, eng am Text orientierte ausführliche Interpretation der »Verwandlung« durch den großen Dichter Vladimir Nabokov, der anders als mythologische und psychoanalytische »Kafka-Versteher« vor ihm sich auf die Sprache und den Stil des Textes konzentriert hat und am Ende zu dem Urteil kommt: »Seine Klarheit, sein präziser und förmlicher Tonfall [in »Die Verwandlung«]«, stehe in einem »auffälligen Gegensatz« zu dem »albtraumhaften Gegenstand seiner Erzählung«. Und: »Keinerlei poetische Metaphern schmücken das krasse Schwarz-Weiß seiner Geschichte. Die Klarheit seines Stils unterstreicht den düsteren Reichtum seines Phantasiegebildes. Gegensatz und Einheit, Stil und Gegenstand, Gestaltung und Handlung greifen auf vollkommenste Weise ineinander«.[2]

In der Tat wird Gregors Zustand als eines »alten Mistkäfers« (I, 142), wie die Bedienstete in der Samsa-Familie sich ausdrückt, keineswegs als dessen Traumvorstellung, sondern ganz realistisch beschrieben mit allen Bewegungen, Geräuschen und Verhaltensweisen eines solchen Tieres. In einer scheinbar unbetroffenen, kalten Prosa, als schreibe man über eine Wetterbeobachtung. Aber die anfängliche Irritation der Familie verwandelt sich schnell in Aggressivität. Zuerst jagt man Gregor als Käfer nur in sein Zimmer zurück, dann verwundet ihn der Vater, der bisher nach dem Zusammenbruch seines Geschäfts tatenlos zu Hause gesessen hatte, mit Äpfeln, die er nach ihm wirft (I, 135f.). Gregor wird denn auch später an einem der verfaulenden Äpfel in seinem Rücken zugrunde gehen (I, 152f.).

Und die Schwester, die sich zunächst noch um den Verwandelten gekümmert hatte? Sie betreibt am Ende dessen Beseitigung am entschiedensten, als auch die drei Untermieter der Wohnung, die »Zimmerherren«, zu ihrer Empörung das Untier in der Wohnung entdecken und sogleich kündigen wollen (I, 148f.). »Weg muss es«, ermahnt sie, »das ist das einzige Mittel, Vater. Du musst nur den Gedanken loszuwerden suchen, dass es Gregor ist.« »Ein Zusammenleben von Menschen mit einem solchen Tier« ist nun einmal nicht möglich (I, 150). Entsprechend sind Schwester und Vater am Schluss der Erzählung nur daran interessiert, das Untier »loszuwerden«. Und als Gregor als Käfer dann wirklich »ganz und gar krepiert« ist (I, 153) und als Kadaver in seinem Zimmer liegt, danken alle drei Samsas »Gott«, »bekreuzigen« sich (I, 154) und überlassen es ihrer Dienerin,

»wie das Zeug von nebenan weggeschafft werden soll« (I, 156).

Warum ihren Sohn oder ihren Bruder die Verwandlung in ein »Ungeziefer« getroffen hat, lässt Kafka seine Figuren in dieser Familie nicht hinterfragen. Auch nicht, was das über seine bisherige Stellung in dieser Familie aussagt. Psychoanalytiker bei der Deutung dieser Geschichte meinten, hier reichlich fündig geworden zu sein, und haben die »Verwandlung« als chiffrierte autobiografische Schlüsselgeschichte für Kafkas eigene Stellung in seiner Familie gedeutet. Ich halte mich an den Wortlaut des Textes, und der sagt alles Nötige. Denn Kafka lässt seine Erzählung mit dem Aufbruch von Vater, Mutter und Schwester aus der gemeinsamen Wohnung enden, als wäre nichts geschehen. Sie fahren »mit der Elektrischen ins Freie vor der Stadt«, »was sie schon seit Monaten nicht getan hatten« (I, 157), als sei alles für sie nur ein schlechter Traum gewesen, ein Spuk, der sich endlich in Nichts aufgelöst hatte. Von Zäsurerfahrungen, von Bruchlinien in der Wirklichkeitswahrnehmung keine Rede. Im Gegenteil: Vater und Mutter Samsa finden auf einmal, dass ihre Tochter »in der letzten Zeit trotz aller Plage, die ihre Wangen bleich gemacht hatte, zu einem schönen und üppigen Mädchen aufgeblüht« sei; es sei Zeit, nun auch »einen braven Mann für sie zu suchen«. Und »wie eine Bestätigung ihrer neuen Träume und guten Absichten« kommt es den Eltern vor, dass am Ende ihrer Fahrt »die Tochter als erste sich erhob und ihren jungen Körper dehnte« (I, 157f.).

Wovon also wird hier erzählt? Erzählt wird von einem Leben unter Wirklichkeitsabspaltung, psychoanalytisch gesprochen unter Verdrängungen, die unfähig machen, Abgründigkeiten im eigenen Leben wahrhaben zu wollen, das Unheimliche und Fremde, das in die eigene Familie einbricht, als Zäsurerfahrung zu thematisieren, ja das Widersinnige und Scheußliche, das einem bis in die eigenen vier Wände hinein hautnah auf den Leib rückt, als mögliche Bruchstelle der Alltagsroutine ernst zu nehmen. Da wir Leser:innen aber spätestens nach Ende dieser Erzählung wissen, dass das Unheimliche als potentielle Wirklichkeit stets in unsere Wirklichkeit einbrechen kann, ist nicht auszuschließen, dass auch der junge Körper dieser Tochter sich eines Tages in ein Untier verwandeln wird …

6 Wider die Verblüffungsresistenz

Konterkarierung der Wirklichkeit durch immer neue Möglichkeiten, Brechung vertrauter Perspektiven, Einbruch des Unheimlichen in die Realität – das literarische Werk Franz Kafkas ist ein immer wieder neuer »Angriff« auf die gelebte Selbstsicherheit, Unerschüttertheit und Verblüffungsresistenz. Im Aufbrechen scheinbarer Plausibilitäten, in der Entlarvung offenkundiger Sicherheiten, in der Verstörung liebgewonnener Perspektiven erweist sich Kafka als subtiler Poet der Abgründigkeit, der *so* im Leser Grundfragen nach dem Warum und Wozu, nach Halt und Sinn mit immer neuen Fragen präzisiert. Nicht die Lösung der Fragen, sondern immer präzisere Fragen – das ist das Ergebnis der Kafka'schen Erzählstücke.

Beschrieben wird dies alles in einer minutiösen, realistisch getreuen, detailbesessenen Prosa, in der die Erschütterung der Wirklichkeit nicht mit expressionistischem Pathos inszeniert, sondern im konkreten Alltagsleben demonstriert wird: »Einmal dem Fehlläuten der Nachtglocke gefolgt – es ist niemals gutzumachen« – so im »Landarzt« (I, 207). Einmal an das Hoftor gepocht wie in »Der Schlag ans Hoftor« (VI, 83–85) – und schon tritt ein Richter auf den Plan, wird man wie ein Angeklagter behandelt, sieht eine Bauernstube auf einmal einer Gefängniszelle zum Verwechseln ähnlich. Einmal verleumdet, wie Joseph K. im »Prozess« –

und schon ist man ein Angeklagter, dem der Prozess gemacht werden soll, ohne dass gesagt wird, was für ein Prozess das ist und worin die Anklage besteht:

> »›Wie stellst du dir das Ende vor‹, fragte der Geistliche. ›Früher dachte ich, es müsse gut enden‹, sagte K., ›jetzt zweifle ich manchmal daran selbst. Ich weiß nicht, wie es enden wird. Weißt du es?‹ ›Nein‹, sagte der Geistliche, ›aber ich fürchte, es wird schlecht enden. Man hält dich für schuldig. Dein Prozess wird vielleicht über ein niedriges Gericht gar nicht hinauskommen. Man hält wenigstens vorläufig deine Schuld für erwiesen.‹ ›Ich bin aber nicht schuldig‹, sagte K. ›Es ist ein Irrtum. Wie kann denn ein Mensch überhaupt schuldig sein? Wir sind hier doch alles Menschen, einer wie der andere.‹ ›Das ist richtig‹, sagte der Geistliche, ›aber so pflegen die Schuldigen zu reden.‹« (III, 223)

So eine Schlüsselstelle in Kafkas Roman »Der Prozess«, entstanden zwischen August 1914 und Januar 1915. Der Text stammt aus der Domszene, in welcher Josef K., der Protagonist in diesem Roman, von einem Gefängnisgeistlichen angesprochen wird, aber ebenso wenig Auskunft über seine Schuld bekommt, über das, was seine Verhaftung rechtfertigt, wie im ganzen noch folgenden Romangeschehen. Denn »Schuld« ist bei Kafka nicht Einsicht in moralisches oder juristisches Versagen, sondern Rätsel, dunkles, drohendes Geheimnis menschlicher Existenz. Leben als Allschuld ist Kafkas Thema. Dieser »Prozess«, so der Kafka-Leser Hermann Hesse, ist denn auch »nichts anderes als die Lebensschuld selbst, und die ›Angeklagten‹ sind inmitten der anderen, der Harmlosen, jene Bedrückten und Ahnungsvollen, denen eine beginnende Einsicht in die Furchtbarkeit alles Lebens das Herz einschnürt« (SW Bd. 18, 535).

Kurz: Perspektivenwechsel ohne eine Gewinnung von Perspektivität, Wirklichkeitsverrätselung ohne Vertrauen in tieferen Sinn, Aufgabe alter Plausibilitäten ohne die Gewissheit eines letzten Ziels: Diese Grundsituation machen Kafkas Geschichten bewusst:

> »Ich befahl mein Pferd aus dem Stall zu holen. Der Diener verstand mich nicht. Ich ging selbst in den Stall, sattelte mein Pferd und bestieg es. In der Ferne hörte ich eine Trompete blasen, ich fragte ihn, was das bedeute. Er wusste nichts und hatte nichts gehört. Beim Tore hielt er mich auf und fragte: ›Wohin reitest Du, Herr?‹ ›Ich weiß es nicht‹, sagte ich, ›nur weg von hier, nur weg von hier. Immerfort weg von hier, nur so kann ich mein Ziel erreichen.‹ ›Du kennst also Dein

> Ziel‹, fragte er. ›Ja‹, antwortete ich, ›ich sagte es doch. ›Weg-von-hier‹, das ist mein Ziel‹.« (VIII, 11)

So oder ähnlich klingen die Kafka'schen Gleichnisgeschichten, die auf nichts mehr verweisen als auf das Rätsel des Lebens selber, die keinen transzendenten Sinn mehr vortäuschen und in denen das »weg von« schon das Ziel ist. Das »weg von« einem Leben, das – welche Richtung man auch läuft – zur Falle geworden zu sein scheint:

> »Ach, sagte die Maus, die Welt wird enger mit jedem Tag. Zuerst war sie so breit, dass ich Angst hatte, ich lief weiter und war glücklich, dass ich endlich rechts und links in der Ferne Mauern sah, aber diese langen Mauern eilen so schnell aufeinander zu, dass ich schon im letzten Zimmer bin, und dort im Winkel steht die Falle, in die ich laufe. Du musst nur die Laufrichtung ändern, sagte die Katze, und fraß sie.« (VII, 163)

Woraus aber erklärt sich lebensgeschichtlich bei Kafka die Beschreibung solcher Grundsituationen? Sie erklärt sich zum großen Teil aus seinem Selbstverständnis als Künstler und aus seinen Selbsterfahrungen als Jude.

7 Kafkas Künstlertum: Bohrende Selbstzweifel

Keiner der großen christlichen Theologen ist Kafka so nahe wie der Däne Sören Kierkegaard (1813–1855). Nicht nur wegen der ähnlichen Selbstverbohrung in eine schier unendliche Reflexion über die eigene Existenz. Er ist ihm nahe auch wegen einer biografisch so ähnlichen Situation, der Unfähigkeit, sich an eine Frau zu binden. Am 21. August 1913 trägt Kafka in sein Tagebuch ein: »Ich habe heute Kierkegaards ›Buch des Richters‹ bekommen. Wie ich es ahnte, ist sein Fall trotz wesentlicher Unterschiede dem meinen sehr ähnlich, zumindestens liegt er auf der gleichen Seite der Welt. Er bestätigt mich wie ein Freund« (X, 191). Viele Künstler des 20. Jahrhunderts haben diesen Konflikt in sich ausgetragen: den Konflikt zwischen Bürgertum und Künstlertum, will sagen: zwischen Hingabe an bürgerliche »Projekte« wie Beruf, Ehe und Familie und der strengen Selbstverpflichtung auf die künstlerische Arbeit, die einen zum Verzichten zwingt, isoliert, ja einsam macht.

Dieser Konflikt spiegelt sich bei Kafka auf für beide Seiten quälende Weise in seiner Beziehung zu Felice Bauer, einer 1887 in eine jüdische Familie in Neustadt/Oberschlesien hineingeborenen und seit 1899 in Berlin lebenden jungen Frau, die als kaufmännische Angestellte ein berufliches Leben zu führen gewohnt ist und ihre Familie mit zu versorgen hat. Sie, vier Jahre jünger als Kafka, wird ihn um 36 Jahre überleben und 1960 nach ihrer Emigration in die USA in Rye nördlich von New York sterben. Kafka lernt sie, die mittlerweile zur Prokuristin eines Berliner Betriebs aufgestiegen ist, im August 1912 in Prag bei seinem Freund Max Brod kennen. Und erstmals sieht sich der 29-Jährige durch eine Partnerin und Braut herausgefordert, sich über seine »Bestimmung« klar zu werden, zumal er wenige Wochen später mit der Niederschrift des »Urteils« seinen endgültigen Durchbruch als Schriftsteller erlebt. Jetzt wird diese Frage akut, jetzt bricht katalysatorisch der Grundkonflikt auf und damit eine tiefe Ambivalenz in Kafkas Leben. Einerseits könnte eine engere Bindung an eine Lebenspartnerin einen endlich von der Familie befreien, andererseits brächte allzu viel Nähe zu einem Menschen, potentielle Heirat und Familiengründung inklusive, die Berufung zur Literatur in Gefahr.

Was sich aber in den nächsten fünf Jahren im Austausch zwischen Berlin und Prag abspielt, einschließlich zweier Ver- und Entlobungen, kann man ein Beziehungsdrama nennen, das in der deutschsprachigen Literaturgeschichte seinesgleichen sucht. Erst der Ausbruch seiner Tuberkuloseerkrankung 1917 beendet diese für beide tief belastete Beziehung. Elias Canetti hat in einer brillanten Studie das Hin und Her, die Finten und Winkelzüge Kafkas in diesem Kampf zwischen menschlicher Bindung und künstlerischer Berufung beschrieben: »Der andere Prozeß. Kafkas Briefe an Felice« (1969). Erhalten geblieben freilich sind nur seine Briefe an Felice zwischen dem 20. September 1912 und dem 16. Oktober 1917. Am Ende werden es mehr als 500 sein, hinzu kommen zahlreiche Postkarten und Tagebucheintragungen. Die Gegenbriefe seiner »Braut« dagegen hat Kafka vernichtet. So verfügen wir nur einseitig über diese »Quelle«, die uns dennoch einzigartige biografische Einblicke in die Zeit erlaubt, in der Kafkas literarisches Werk in seine entscheidende Phase getreten ist.

Immer wieder kreisen diese Briefe um den angesprochenen Urkonflikt zwischen Bürgerlichkeit und Künstlertum. Er erreicht seine für uns Außenstehende besondere Intensität in einer ganzen Liste von Argumenten, warum er, Kafka, heiraten oder die Heirat lieber bleiben lassen solle. Die Eintragung ins Tagebuch vom 21. Juli 1913, gut ein Jahr nach dem Beginn der Beziehung zu Felice, ist eines der Schlüsseldokumente:

> »Zusammenstellung alles dessen, was für oder gegen meine Heirat spricht:
> 1. Unfähigkeit, allein das Leben zu ertragen, nicht etwa Unfähigkeit, zu leben, ganz im Gegenteil, es ist sogar unwahrscheinlich, dass ich es verstehe, mit jemandem zu leben,

aber unfähig bin ich, den Ansturm meines eigenen Lebens, die Anforderungen meiner eigenen Person, den Angriff der Zeit und des Alters, den vagen Andrang der Schreiblust, die Schlaflosigkeit, die Nähe des Irrseins – alles dies allein zu ertragen, bin ich unfähig. Vielleicht, füge ich natürlich hinzu. Die Verbindung mit F. wird meiner Existenz mehr Widerstandskraft geben. [...]

3. Ich muss viel allein sein. Was ich geleistet habe, ist nur ein Erfolg des Alleinseins.

4. Alles, was sich nicht auf Literatur bezieht, hasse ich, es langweilt mich, Gespräche zu führen (selbst wenn sie sich auf Literatur beziehen), es langweilt mich, Besuche zu machen, Leiden und Freuden meiner Verwandten langweilen mich in die Seele hinein. Gespräche nehmen allem, was ich denke, die Wichtigkeit, den Ernst, die Wahrheit.

5. Die Angst vor der Verbindung, dem Hinüberfließen. Dann bin ich nie mehr allein.

6. Ich bin vor meinen Schwestern, besonders früher war es so, oft ein ganz anderer Mensch gewesen, als vor andern Leuten. Furchtlos, bloßgestellt, mächtig, überraschend, ergriffen wie sonst nur beim Schreiben. Wenn ich es durch Vermittlung meiner Frau vor allen sein könnte! Wäre es dann aber nicht dem

> Schreiben entzogen? Nur das nicht, nur das nicht!
> 7. Allein könnte ich vielleicht einmal meinen Posten wirklich aufgeben. Verheiratet wird das nie möglich sein.« (X, 184f.)

Diese Selbstzweifel wird Kafka nicht mehr los. Bis zum Ende schwankt er zwischen der Bindung an die Welt des Bürgerlichen, die Welt des Vaters, die Welt von Ehe, Familie, Beruf – und der Welt der Literatur, des Schreibtriebs, des Schreiben-Müssens, der kompromisslosen Hingabe an das Werk.

Dabei weiß Kafka, dass beide Welten ihr Recht haben; das aber macht gerade seine Zerrissenheit aus. Was er bei der einen gewinnt, verliert er bei der anderen. Beides ist ihm so unerträglich wie notwendig, das bürgerliche Leben ebenso wie das Leben für die Literatur. In einem fiktiven (!) Brief an den Vater von Felice Bauer, gleich im Anschluss an die Tagebuch-Eintragung vom 21. August 1913:

> »Mein Posten ist mir unerträglich, weil er meinem einzigen Verlangen und meinem einzigen Beruf, das ist in der Literatur, widerspricht. Da ich nichts anderes bin als Literatur und nichts anderes sein kann und will, so kann mich mein Posten niemals zu sich reißen, wohl aber kann er mich gänzlich zer-

> rütten. Davon bin ich nicht weit entfernt. Nervöse Zustände schlimmster Art beherrschen mich, ohne auszusetzen, und dieses Jahr der Sorgen und Quälereien um meine und Ihrer Tochter Zukunft hat meine Widerstandslosigkeit vollständig erwiesen. [...] Sie könnten fragen, warum ich diesen Posten nicht aufgebe und mich – Vermögen besitze ich nicht – nicht von literarischen Arbeiten zu erhalten suche. Darauf kann ich nur die erbärmliche Antwort geben, dass ich nicht die Kraft dazu habe und, soweit ich meine Lage überblicke, eher in diesem Posten zugrunde gehen, aber allerdings rasch zugrunde gehen werde.« (X, 192)

»Da ich nichts anderes bin als Literatur und nichts anderes sein kann und will«: Das ist wahrhaftig keine Selbstauskunft, die einen möglichen Schwiegervater beruhigen könnte, dessen Tochter vom künftigen Schwiegersohn im selben Briefentwurf als »gesundes, lustiges, natürliches kräftiges Mädchen« bezeichnet wird (ebd.). Er selber dürfte, menschlich gesehen, ungefähr das Gegenteil gewesen sein.

Nein, für eine Alternative sich zu entscheiden, in *einem* Leben glücklich zu werden, ist Kafkas Sache nicht. Eindeutigkeiten im Leben, das So-und-nicht-anders, das will ihm weder in der Kunst noch im gelebten Leben gelingen. Wie Hermann Hesse und Thomas Mann betreibt auch er schonungslose Seelenanalyse und kompromisslose Selbstentblößung. Und weil Kafka diese Schonungslosigkeit auch sich selber gegenüber praktiziert, kann er in solchen Momenten zugeben, dass sein Schreiben Lohn für »Teufelsdienst« sei. Zwei Jahre vor seinem Tod, am 5. Juli 1922, an Max Brod:

> »Aber wie ist es mit dem Schriftstellersein selbst? Das Schreiben ist ein süßer wunderbarer Lohn, aber wofür? In der Nacht war es mir mit der Deutlichkeit kindlichen Anschauungsunterrichtes klar, dass es der Lohn für Teufelsdienst ist. Dieses Hinabgehen zu den dunklen Mächten, diese Entfesselung von Natur aus gebundener Geister, fragwürdige Umarmungen und was alles noch unten vor sich gehen mag, von dem man oben nichts mehr weiß, wenn man im Sonnenlicht Geschichten schreibt. Vielleicht gibt es auch anderes Schreiben. Ich kenne nur dieses; in der Nacht, wenn mich die Angst nicht schlafen lässt, kenne ich nur dieses. Und das Teuflische daran scheint mir sehr klar. Es ist die Eitelkeit und Genusssucht, die immerfort um die eigene oder auch um eine fremde Gestalt – die Bewegung vervielfältigt sich dann, es

> wird ein Sonnensystem der Eitelkeit – schwirrt und sie genießt. Was der naive Mensch sich manchmal wünscht: ›Ich wollte sterben und sehen, wie man mich beweint‹, das verwirklicht ein solcher Schriftsteller fortwährend, er stirbt (oder er lebt nicht) und beweint sich fortwährend. Daher kommt eine schreckliche Todesangst, die sich nicht als Todesangst äußern muss, sondern auch auftreten kann als Angst vor Veränderung […] Die Definition des Schriftstellers, eines solchen Schriftstellers, und die Erklärung seiner Wirkung, wenn es eine Wirkung überhaupt gibt: Er ist der Sündenbock der Menschheit, er erlaubt den Menschen, eine Sünde schuldlos zu genießen, fast schuldlos.« (Briefe 1902–1924, 1975, 384f.386. Kafka – Brod BW, 377f. 380)

»Und das Teuflische daran scheint mir sehr klar. Es ist die Eitelkeit und Genusssucht«! Kafka benennt und durchschaut zugleich diesen Vorgang, in den ein Künstler in seiner Selbstwahrnehmung verwickelt ist. Ein Künstler muss schreiben, das ist in Kafkas Sicht beinahe eine »heilige Pflicht«. Doch damit setzt er sich zugleich der Bewunderung durch ein Publikum aus, was die Eitelkeit und das Gefallenwollen anstachelt. Dafür aber verachtet man sich, als versündige man sich an der

»reinen Kunst«. So kann ein Schriftsteller, denkt man wie Kafka diesen Gedanken zu Ende, wenn er oder sie schreibt, in der Tat zum »Sündenbock der Menschheit« werden, weil er es den Menschen »erlaubt, eine Sünde schuldlos zu genießen, fast schuldlos.«

8 Spiegelungen in einem »Hungerkünstler«

Nirgendwo hat Kafka dieses unausweichliche »Verhängnis« des Künstlers zwischen Genusssucht, Eitelkeit und Selbstverachtung anschaulicher verdichtet als in seiner Erzählung »Der Hungerkünstler« (I, 261–273). Sie ist nicht zufällig einer der letzten Texte, den er seiner Krankheit noch hatte abtrotzen können. Gut zwei Wochen vor seinem Tod wird er – schon im Sanatorium in Kierling – die Texte seines Prosabandes »Ein Hungerkünstler« noch einmal sorgfältig korrekturlesen, darunter die Titelgeschichte. Und noch am Vortag seines Todes arbeitet er an der zweiten Korrektur für den Band, bevor er am 3. Juni gegen Mittag einer Herzschwäche erliegt, nachdem die Tuberkulose sich auch auf seinen Kehlkopf gelegt und Essensaufnahme faktisch verunmöglicht hatte (R. Stach, Kafka-Chronik, 575.577). Auch alles Sprechen versagt jetzt weitgehend. Der Kranke muss sich in den letzten vier Wochen vor allem mit Notizzetteln verständigen. 200 dieser Notate haben sich erhalten. So wird »Der Hungerkünstler« nicht nur zu Kafkas künstlerischem Vermächtnis, sondern auch zum Spiegel seines körperlichen Zustands. Seltsam, zu denken: Sein Leben wird durch die Literatur und die Literatur durch sein Leben eingeholt.

Worum geht es? Der hier beschriebene Künstler stellt im Käfig eines Amphitheaters seine Kunst, das Hungern, öffentlich zur Schau, präsentiert von einem geschäftstüchtigen Impresario und bestaunt von zahlreichen Zuschauern. Was aber sein Manager als Sensation verkauft und das Publikum für eine bewunderungswürdige Leistung hält, ist für den Künstler selbst ganz leicht, »die leichteste Sache von der Welt« (I, 264). Nie hatte er mit dieser seiner Fähigkeit öffentliche Bewunderung auf sich ziehen wollen. Er kann ja nicht anders. Und gerne hätte er noch mehr gehungert, »nicht nur um der größte Hungerkünstler aller Zeiten zu werden, der er ja wahrscheinlich auch schon war, aber auch noch sich selbst zu übertreffen bis ins Unbegreifliche, denn für seine Fähigkeit zu hungern fühlte er keine Grenzen« (I, 265).

Doch die Bewunderung für seine exzeptionelle Leistung ist unausweichlich, da man sich Schaulustigen ausgesetzt hat. Damit aber sieht der Künstler sich in seiner wahren Kunst missachtet und gerät sogar ins Zwielicht, da er von bestimmten Schaulustigen des Betrugs und der Schauspielerei verdächtigt wird. Entsprechend gelangt er denn auch erst dann zur Vollkommenheit, als das Publikumsinteresse nachlässt und er auf einen Nebenschauplatz abgeschoben wird, wo er in einem Käfig jetzt sein Ziel des unbegrenzten Hungerns realisieren kann. Um den Preis seines Lebens freilich. So läuft Kafkas Geschichte auf die Pointe hinaus: Vollendung von Kunst bedeutet in letzter Konsequenz Selbstvernichtung des Lebens. Ihre »Logik ist die Aushungerung ihrer selbst: Hungerkunst eben« (A. B. Kilcher, Biographie, 2008, 68).

Luzide beschreibt Kafka am Ende seiner Erzählung denn auch noch einmal die tiefe Ambivalenz jedes Künstlertums. Er braucht dazu zwei scheinbar kontradiktorische Sätze, gesteht doch der Hungerkünstler einem Aufseher kurz, bevor er stirbt, beides zugleich:

> »›Immerfort wollte ich, dass ihr mein Hungern bewundert‹, sagte der Hungerkünstler. ›Wir bewundern es auch‹, sagte der Aufseher entgegenkommend. ›Ihr sollt es aber nicht bewundern‹, sagte der Hungerkünstler. ›Nun, dann bewundern wir es also nicht‹, sagte der Aufseher, ›warum sollen wir es denn nicht bewundern?‹ ›Weil ich hungern muss, kann ich nicht anders‹, sagte der Hungerkünstler, hob das Köpfchen ein wenig und sprach mit wie zum Kuss gespitzten Lippen gerade in das Ohr des Aufsehers hinein, damit nichts verloren ginge, ›weil ich die Speise nicht finden konnte, die mir schmeckt. Hätte ich sie gefunden, glaube mir, ich hätte kein Aufsehen gemacht und mich vollgegessen wie du und alle.‹« (I, 273)

Als er dann kurze Zeit später tot ist, wird sein verendeter Körper »samt dem Stroh« aus dem Käfig gewischt, buchstäblich hinausgekehrt. Wie hatte Kafka an Felice Bauer geschrieben, mehr als zehn Jahre vor dem »Hungerkünstler«? 1. November 1912:

> »Mein Leben besteht und bestand im Grunde von jeher aus Versuchen zu schreiben und meist aus misslungenen. Schrieb ich aber nicht, dann lag ich auch schon auf dem Boden, wert, hinausgekehrt zu werden« (Briefe an Felice, 65).

9 Der Bruch mit dem Judentum des Vaters

Wie es bei Kafka einen Riss gibt zwischen Kunst und Leben, zwischen literarischer und bürgerlicher Existenz, so auch einen Riss in der Existenz als Angehöriger des jüdischen Volkes. Einen Riss freilich, dessen Wirkungen Kafka ebenfalls durchschaut, ist doch die Nichtidentität zugleich Movens literarischer Produktivität. Thematische Schlüsselbedeutung hat ein weiterer Brief an Max Brod. Er stammt vom Juni 1921 und steht für viele Äußerungen Kafkas zum Thema »Judentum«. Schon in der Rückschau gewissermaßen auf viele Jahre Erfahrungen mit Juden und Judentum in seiner Heimatstadt Prag reflektiert Kafka hier seinem engsten jüdischen Weggefährten gegenüber das »Verhältnis der jungen Juden zu ihrem Judentum« und konstatiert eine »schreckliche innere Lage dieser Generationen«.

Dazu gehört auch die Lage der weitgehend deutschsprachigen Juden im tschechischsprachig-christlichen Prag. Ohnehin eine Minderheit schon zu Habsburgs Zeiten, hatte sich für sie die politische Situation noch verschärft, nachdem man seit 1919 nicht mehr in einem österreichisch-habsburgischen Vielvölker-, sondern jetzt in einem neugegründeten tschechischen Nationalstaat lebte. Dieser hatte nach Ende des Ersten Weltkriegs seine politische Selbstständigkeit erlangt. In seinem langen Brief an Max Brod wörtlich:

> »Weg vom Judentum, meist mit unklarer Zustimmung der Väter (diese Unklarheit war das Empörende), wollten die meisten, die deutsch zu schreiben anfingen, sie wollten es, aber mit den Hinterbeinchen klebten sie noch am Judentum des Vaters und mit den Vorderbeinchen fanden sie keinen neuen Boden. Die Verzweiflung darüber war ihre Inspiration.
>
> Eine Inspiration, ehrenwert wie irgendeine andere, aber bei näherem Zusehn doch mit einigen traurigen Besonderheiten. Zunächst konnte das, worin sich ihre Verzweiflung entlud, nicht deutsche Literatur sein, die es äußerlich zu sein schien. Sie lebten zwischen drei Unmöglichkeiten […]: der Unmöglichkeit, nicht zu schreiben, der Unmöglichkeit, deutsch zu schreiben, der Unmöglichkeit, anders zu schreiben, fast könnte man eine vierte Unmöglichkeit hinzufügen, die Unmöglichkeit zu schreiben (denn die Verzweiflung war ja nicht etwas durch Schreiben zu Beruhigendes, war ein Feind des Lebens und des Schreibens, das Schrei-

> ben war hier nur ein Provisorium, wie für einen, der sein Testament schreibt, knapp bevor er sich erhängt – ein Provisorium, das ja recht gut ein Leben lang dauern kann), also war es eine von allen Seiten unmögliche Literatur, eine Zigeunerliteratur, die das deutsche Kind aus der Wiege gestohlen und in großer Eile irgendwie zugerichtet hatte, weil doch irgendjemand auf dem Seil tanzen muss.« (Briefe 1902–1924, 1975, 337f. Kafka – Brod BW, 360)

Analytisch scharf beschreibt Kafka hier die Gespaltenheit, ja Zerrissenheit jüdischer Existenz in der Welt der Moderne, genauer: in der Welt der modernen westlichen Großstädte nach Verlassen der geschlossenen jüdischen Wohngebiete auf dem Land. Das gilt vor allem für diejenigen Juden, welche sich in Prag die deutschsprachige Kultur anverwandelt und mit ihr auch den sozialen Aufstieg geschafft hatten. Welch ein Bild: Mit »Hinterbeinchen« kleben solche Juden noch »am Judentum des Vaters«, aber »mit den Vorderbeinchen finden sie keinen neuen Boden«. Sie leben folglich eine Käferexistenz wie Kafkas Gregor Samsa in seiner Käfer-Erzählung. Will sagen: Ein Zurück in die Glaubensfestigkeit jüdischer Orthodoxie gibt es für sie nicht, und zugleich ist ihre Zukunft »als Juden« völlig offen, buchstäblich noch bodenlos. Eine Schwebeexistenz also zwischen Tradition und Moderne.

Dafür repräsentativ ist gerade auch Kafkas eigene Familie. Auch seine Eltern, Hermann (1852–1931) und Julie Kafka (1856–1934), hatten einen Aufstieg aus der Welt des traditionellen Landjudentums vollzogen. Nach der Judenemanzipation im kaiserlichen Österreich hatte Hermann Kafka den sozialen Aufstieg aus dem Provinzproletariat in die bürgerliche Mittelschicht geschafft, vom bescheiden lebenden Dorfjuden aus Süd-Böhmen zum Prager Stadt-Juden. Hier hatten es die Kafkas durch ein florierendes Geschäft für Kurzwaren und Modeartikel (damals »Galanteriewaren« genannt) zu Ansehen und Wohlstand gebracht. Man wohnt – nach vielen Umzügen – schließlich repräsentativ, kann sich Dienstboten leisten, den Sohn studieren lassen.

Und wie Hermann Kafka hatte die Gründerzeit ganze Generationen von Juden aus den Dörfern in die Städte gespült und mit völlig anderen Lebensbedingungen konfrontiert. Das ging nicht ohne die Erfahrung eines latenten oder offenen Antisemitismus ab. Etwa zwei Drittel der Deutschsprechenden in Prag sind zu Kafkas Zeiten Juden. Es gibt eine klare Scheidelinie: hier deutsch (jüdisch), dort tschechisch (christlich). Aber schon Kafkas Familie hatte innerjüdisch einen Preis bezahlt: Statt eines Lebens nach der Halacha, dem traditionellen jüdischen Religionsgesetz, eine

Vergleichgültigung der traditionellen religiösen Identität und eine oberflächliche Anpassung an die christliche Mehrheitsgesellschaft. Assimilation heißt dieser Vorgang, vollzogen in der Erwartung völliger gesellschaftlicher Akzeptanz. Assimilation als Antisemitismusprophylaxe. Sie sollte sich als die große Selbsttäuschung des europäischen Judentums erweisen.[3]

Der Sohn aber durchschaut diesen oberflächlichen, die religiöse Identität vergleichgültigenden Anpassungs-, ja Anbiederungsprozess und zwar in der für ihn typischen analytisch scharfen, aber zugleich verdeckten Weise. Das eindrucksvollste Dokument dafür ist Kafkas schon vom Umfang her gewaltiger »Brief an den Vater«, im November 1919 geschrieben, den abzuschicken aber der von der despotisch-groben Erscheinung des Vaters stets eingeschüchterte Sohn nicht wagt (VII, 10–66). Unmittelbarer Auslöser ist eine neuerliche Verlobung Kafkas nach der Trennung von Felice Bauer, und zwar mit Julie Wohryzek (1891–1944), der Tochter eines Gemeindedieners der Prager Vorstadtsynagoge in Weinberg. Die 28-Jährige, selbst lungenkrank, hatte Kafka Anfang 1919 während seines Kuraufenthaltes in der Pension Stüdl in Schelesen an der Elbe 30 Kilometer nördlich von Prag kennengelernt. Beide hatten sich Mitte September 1919 verlobt und Ende Oktober beim Standesamt die Eheschließung beantragt.

Vater Hermann freilich hatte in seiner herrischen, verletzenden Art für diese Verbindung mit einer Frau aus einfachsten Verhältnissen nur Verachtung übrig, was den Sohn einmal mehr tief verletzen, ja demütigen musste. Im Juli 1920 wird er auch diese Verbindung auflösen, nicht zuletzt, weil Kafka die tschechisch-jüdische Journalistin und Übersetzerin Milena Jesenská (1896–1944) näher kennengelernt hatte, seit 1918 verheiratet mit dem jüdischen, in Prager Bohemienkreisen verkehrenden Bankangestellten Ernst Pollak (1886–1947). Mit ihm zusammen war sie nach Wien gezogen.

An Kafka, den sie aus Künstlerkreisen in Prag kennt, tritt sie heran, um die Erlaubnis zur Übersetzung einiger seiner Erzählungen ins Tschechische zu erhalten. Sie bekommt sie, und so kann im April 1920 Kafkas 1913 im Verlag Kurt Wolff als Einzelausgabe erschienene Erzählung »Der Heizer« in tschechischer Übertragung erscheinen, die erste fremdsprachige Übersetzung eines Kafka-Textes überhaupt und Auftakt zu weiteren Übersetzungen durch Milena, darunter »Bericht für eine Akademie« (September 1920) und »Das Urteil« (Ende Dezember 1922). Ihr erstes Schreiben erhält Kafka im April 1920 in Meran, wo er sich zu einer seiner Kuren aufhält. Jetzt wird ihre Beziehung in wechselnden Briefen immer intensiver, ja intimer, woraus sich dann auch ein Liebesverhältnis entwickelt, in der Intensität dem Verhältnis mit Felice vergleichbar, dem freilich ebenfalls schon aus Krankheitsgründen keine Dauer beschieden sein kann. Doch im Unterschied zu der Beziehung zu Julie gibt es Briefe Kafkas an diese Frau und zwar zunächst vom April bis November 1920, dann noch einige wenige Schreiben von Ende März 1922 bis Ende Dezember 1923, während ihre Briefe an ihn, wieder vergleichbar mit Felice, verloren gehen.[4]

Eine tiefe Entfremdung zwischen Sohn und Vater aber herrscht vor allem in Sachen Religion. Schonungslos beschreibt Kafka in seinem Brief das »Nichts von Judentum«, über das sein Vater noch verfüge, während er ihn, seinen Sohn, in Sachen Synagogenbesuch unter Druck setze, als müsse er das ernst nehmen. »Ein Nichts, ein Spaß, nicht einmal ein Spaß«, sei dessen Judentum (VII, 42). Er, der Vater, habe zwar »aus der kleinen ghettoartigen Dorfgemeinde wirklich noch etwas Judentum mitgebracht«; es sei ohnehin nicht viel gewesen und habe sich »in der Stadt und beim Militär« verloren« (I, 44). Jetzt aber gehe er nur noch »an vier Tagen im Jahr in den Tempel«, erledige »geduldig die Gebete der Formalität« und ließe seinen Sohn, der wie selbstverständlich zu Gottesdiensten mitzukommen hatte, gleichzeitig sich »herumdrücken«, wo und wie er es gewollt habe. Von religiösem Ernst also keine Spur, weder beim Vater noch bei ihm. »Ich durchgähnte«, so Kafka wörtlich, »und durchduselte dort die vielen Stunden (so gelangweilt habe ich mich später, glaube ich, nur noch in der Tanzstunde) und suchte mich möglichst an den paar kleinen Abwechslungen zu freuen, die es dort gab, etwa wenn die Bundeslade aufgemacht wurde, was mich immer an Schießbuden erinnerte« (I, 42f.). Der Toraschrein wie eine »Schießbude«! Zugleich ist alles an Religion besetzt von Angst. Allein die Vorstellung, dass er, Kafka, einmal wie jeder junge Jude »zur Thora«, also zur Toralesung vor der Gemeinde, aufgerufen würde, habe ihn »jahrelang« erzittern lassen (VII, 43).

Und zu Hause, in der Familie, in privatem Kreis? Da sei es »womöglich noch ärmlicher« gewesen, schreibt Kafka, und habe sich »beschränkt auf den ersten Sederabend, der immer mehr zu einer Komödie mit Lachkrämpfen« geworden sei (I, 43). Zwar hatten seine Eltern ihren Sohn 1896 noch die traditionelle, so angstbesetzte Bar-Mizwa-Feier (»Sohn des Gebotes«) mitmachen lassen, eine der Konfirmation im Protestantismus vergleichbare Initiation eines 13-jährigen jungen Juden in die Welt der Gemeinde und der Gebote. Das aber habe »nur lächerliches Auswendiglernen« verlangt, tut Kafka die Sache ab, habe also »zu einer lächerlichen Prüfungsleistung« geführt (VII, 43). Ansonsten aber hätten zu Hause »die religiösen Ceremonien sich auf Hochzeit und Begräbnis eingeschränkt«, wie Kafka Felice Bauer wissen lässt (10./11. 1. 1913). Man sehe, fügt er noch hinzu, »förmlich die strafenden Blicke eines vergehenden Glaubens« (Briefe an Felice, 244).

Diese ganze Entwicklung aber sei, so Kafka, »keine vereinzelte Erscheinung« gewesen. Ähnlich verhalte es sich »bei einem großen Teil dieser jüdischen Übergangsgeneration, welche vom verhältnismäßig noch frommen Land in die Städte abgewandert« sei (I, 45). Kein Wunder also, dass Kafka selber »weg vom Judentum« will, weg jedenfalls von einem Judentum, das sein Vater – repräsentativ für »einen großen Teil dieser jüdischen Übergangsgeneration« – völlig vergleichgültigt, auf ein »paar Nichtigkeiten« (I, 44) reduziert und das der Sohn selbst als eine Mischung aus Langeweile, Lächerlichkeit und Angst erlebt hatte. Gibt es dazu innerjüdisch für Kafka eine Alternative?

10 Erneuertes Judentum: Kafka als Buber-Hörer

Eine Rückkehr zu einem Leben nach der Halacha, den Weisungen des orthodoxen Judentums, ist die Alternative nicht. Aber schon der junge Kafka ist intellektuell wach und politisch zeitsensibel genug, um seinerseits den Neuaufbruch innerhalb des europäischen Judentums wahrzunehmen. Zu sprechen ist von der »jungjüdischen«, der zionistischen Bewegung um 1900 mit ihrem Protagonisten Theodor Herzl (1860–1904), einem Wiener jüdischen Publizisten, der 1896 seine programmatische Schrift »Der Judenstaat« als »Versuch einer Lösung der Judenfrage« veröffentlicht hatte. Diese von einer jungen Generation westeuropäischer Juden getragene zionistische Bewegung hatte auch den Prager Westjuden Franz Kafka ab 1911 zu interessieren begonnen. Da war er 28 Jahre alt.[5]

Martin Buber (1878–1965) soll hier eine Schlüsselrolle spielen, hält er doch 1909 und 1910 in Prag seine nachmals berühmten »Drei Reden über das Judentum« und zwar auf Einladung der Prager kulturzionistischen Studentenverbindung »Bar Kochba« mit ihrer Zeitschrift »Die Selbstwehr«. Es sind Aufbruchsignale in der Welt des Judentums, die gerade die junge Generation mitreißen. Buber setzt – gegen Assimilation und Orthodoxie – auf eine religiös-kulturelle Wiedergeburt des Judentums. Kultur-Zionismus heißt das Stichwort – und der ist zu unterscheiden von dem gleichzeitig propagierten politischen Zionismus, der im Gefolge von Theodor Herzl auf die Gründung eines eigenen Staates für Juden in Palästina ausgerichtet ist. Kafka ist einer der Hörer von Buber. In der Forschung geht man davon aus, dass er möglicherweise die dritte Prager Rede Bubers am 18. Dezember 1910 über »Die Erneuerung des Judentums«, nachweislich aber dessen vierten Prager Vortrag »Der Mythos der Juden« am 16. Januar 1913 im Hotel Central gehört hat, ebenfalls organisiert vom Verein »Bar Kochba« (R. Stach, Kafka-Chronik, 197).

11 Die Entdeckung des Ostjudentums

Im Geiste Herzls und Bubers ist denn auch Kafka vom Zionismus als kämpferischer Bewegung angetan, »die gegen das unoriginelle, unkreative, bürgerlich assimilierte ›Westjudentum‹ auf ein vitales, gemeinschaftliches, originäres, durch das ›Blut‹ zusammengehaltenes Judentum setzte« (Andreas B. Kilcher, Biographie, 2008, 39). Martin Buber hatte bereits 1906 und 1907 Überlieferungen des osteuropäischen Judentums aus der Welt des Chassidismus wiederentdeckt und durch Textausgaben wie »Die Geschichten des Rabbi Nachman« und »Die Legenden des Balschem« geistige Grundlagen für sein kulturzionistisches Programm geschaffen. Entsprechend sollte auch Kafka die noch unverbrauchte spirituelle Kraft des osteuropäischen Judentums entdecken. An Max Brod wird er Ende September 1917 über die chassidischen Geschichten schreiben: »alle diese Geschichten sind [...] das einzig Jüdische, in welchem ich mich, unabhängig von meiner Verfassung, gleich und immer zuhause fühle, in alles andere werde ich nur hineingeweht und ein anderer Luftzug bringt mich wieder fort« (Briefe 1902–1924, 172f.).

Mehr noch: In die Zeit zwischen Herbst 1911 und Frühjahr 1912 fällt Kafkas Begegnung mit einer aus Lemberg stammenden osteuropäischen, jiddisch sprechenden Theatertruppe, die unter der Leitung des charismatischen Schauspielers Jizchak Löwy (ermordet 1942 im Vernichtungslager Treblinka) im Prager Café-Restaurant »Savoy« mit jiddischen Volksstücken gastiert. Kafka ist sofort fasziniert. Nach dem Besuch von bis zu 20 Vorstellungen der Truppe und ihres Lieder- und Rezitationsabends ist er davon überzeugt, dass ihm hier ein Judentum jenseits von Assimilation, Zionismus und Orthodoxie begegnet ist, das man im Westen aus intellektueller und kultureller Verachtung heraus unterschätzt, ja ignoriert hat. »Durch ihre Lebensformen«, schreibt der Kafka-Forscher Hartmut Binder, »ihren inneren Zusammenhalt, ihre Verwurzelung in der jüdischen Überlieferung, ihre naive Religiosität, ihre Sprache – ein zur Schriftsprache hin stilisiertes Jiddisch – und durch ihre Kunstübung« aber »wurden sie für Kafka Repräsentanten eines volkhaften Judentums, das ihm fortan Ideal eines erstrebten Gemeinschaftslebens war« (Binder-Parik, Kafka. Ein Leben in Prag, 1993, 124).

Kafka freundet sich mit Jizchak Löwy an, organisiert einen Rezitationsabend für ihn im Jüdischen Rathaus zu Prag und eröffnet diesen Abend am 18. Februar 1912 persönlich mit einem kleinen Vortrag über die Besonderheit der jiddischen Sprache, ohne sie zu sprechen (V, 149–153). Doch berührt von der Lebendigkeit, den ausdrucksstarken Gesten, der Mischung von Gesang, Tanz und Drama auf der Bühne spürt er, dass in diesem Judentum, wie es ihm bezeichnenderweise nicht in der Synagoge, sondern im Theater begegnet, noch eine Kraft lebt, die Zukunft haben könnte. Später, 1917, als er Löwy wie zufällig noch einmal in Budapest trifft, schreibt Kafka persönlich die Lebenserinnerungen Löwys nieder, im Nachlass überliefert unter dem Titel »Vom jüdischen Theater« (VI, 137–142), und dokumentiert hier den auch ihm wohlvertrauten Kampf des Freundes um ein selbstbestimmtes jüdisch-jiddisches Künstler- und Theaterleben gegen das fromme chassidische Milieu polnischer Herkunft. Und wir als seine Leser:innen spüren, wenn wir diese Texte lesen, dass hier jemand gerade eine Liebeserklärung für das Jiddische als eine besondere Sprachgestalt des Jüdischen abgeliefert hat.

Es ist die Zeit in Kafkas Leben, in dem sein Interesse für ein anderes Judentum als das im Elternhaus gelebte wachgeworden ist. Prag hatte sich zum europäischen Zentrum des Kulturzionismus entwickelt, und der junge Kafka nutzt die entsprechenden Angebote, nachzulesen in seinem Tagebuch und seinen Briefen (s. R. Stach, Kafka-Chronik, 148–153). Eintragungen ins Tagebuch aus dem Januar/Februar 1912 stehen für viele ähnliche. So hatte der 29-Jährige vor dem genannten jiddischen Rezitationsabend am 18. Februar Veranstaltungen zur jüdischen Kultur wie diese besucht:

- Am 18. Januar im Festsaal des Hotels Central einen von »Bar Kochba« organisierten Volksliederabend, eingeleitet mit einem Vortrag von Nathan Birnbaum über »Das Lied der Ostjuden«, abgeschlossen durch die Darbietung jüdischer Volkslieder durch den Berliner Kantor Leo Gollanin;
- am 28. Januar einen Vortrag im Festsaal des Jüdischen Rathauses von Dr. Felix Theilhaber »über den Untergang der deutschen Juden« bei fortschreitender Assimilation (Landflucht, Mischehen, Taufen);
- am 13. Februar im Hotel Bristol einen Vortrag des Münchner Rabbiners Dr. Chanoch Heinrich Ehrentreu über »Jeremias und seine Zeit«;
- am 15. Februar einen Vortragsabend im Jüdischen Rathaus, bei dem der Prager Oberkantor Siegmund Schwarz weltliche Lieder vorträgt;
- am 16. Februar eine erste Veranstaltung der von Franz Werfel und anderen neugegründeten, der künstlerischen Moderne verpflichteten »Herdervereinigung«, bei der der Kulturhistoriker Oskar Brie einen Vortrag hält über Tanz, Hugo von Hofmannsthal aus eigenen Werken liest und Grete Wiesenthal zur Musik von Johann Strauß und Franz Liszt tanzt.

Eine solche Liste von Kafkas Partizipation an einer spezifisch jüdischen Kultur ließe sich beliebig verlängern. Zwar blieb er ein Leben lang weit entfernt von orthodoxer Frömmigkeit, zugleich aber »kam er nicht los von den Rabbis und Wunderheilern, den Gesetzesdienern und den Schauspielern um seinen Freund Jizchak Löwy, dessen Inszenierungen er ein Sechstel seiner Tagebücher widmete. Die ostjüdische Welt vor allem hat ihn – wie Joseph Roth oder Arnold Zweig – in einer Weise fasziniert, die deutlich macht, wie wichtig Kafka die sinnfällige, nicht additive, sondern existenzbestimmende Verwirklichung des Glaubens war« (W. Jens, Dichtung und Religion, 1988, 314).

Ist man im Elternhaus angetan von dieser ganz eigenen Hinwendung des Sohnes zum Judentum, seinem neu erwachten Interesse für die jüdische Kultur? Mitnichten. Hermann Kafka reagiert auch auf diese Öffnung seines Sohnes mit Geringschätzung. Sie hatte ja auch mit seiner eigenen Alltagspraxis nichts mehr zu tun, die ihn geistig nie in Unkosten gestürzt hatte. Auch das ist Thema in Kafkas Vater-Brief vom November 1919. Statt seine Beschäftigung mit dem Jüdischen gutzuheißen (»Es war doch Judentum von deinem Judentum, das sich hier regte«, beschwört ihn der Sohn: VII, 46), sei ihm, dem Vater, durch seine Art der Vermittlung »das Judentum abscheulich, jüdische Schriften unlesbar« geworden, »sie ›ekelten‹« ihn an. Allein das Judentum, wie er, der Vater, es ihm, dem Sohn, in seiner Kindheit gezeigt habe, sei »das einzig Richtige, darüber hinaus gebe es nichts« (ebd.).

»Der Dein Leben bestimmende Glaube«, so die Reaktion des Sohnes, hat ja auch darin bestanden, »dass Du an die unbedingte Richtigkeit der Meinungen einer bestimmten jüdischen Gesellschaftsklasse glaubtest« (VII, 44). Worauf der psychologisch versierte Sohn den Spieß glatt umdreht: »Dann aber konnte der ›Ekel‹ (abgesehen davon, dass er sich zunächst nicht gegen das Judentum, sondern gegen meine Person richtete) nur bedeuten, dass Du« – so direkt an den Vater – »unbewusst die Schwäche Deines Judentums und meiner jüdischen Erziehung anerkanntest, auf keine Weise daran erinnert werden wolltest und auf alle Erinnerungen mit offenem Hasse antwortetest« (ebd.). Kurz: Wie das literarische Schreiben, so hat Hermann Kafka auch das neu entdeckte Judentum seines Sohnes mit Verachtung gestraft. Umso bedauerlicher, dass er in diesen Spiegel nie hat schauen können, den ihm dieser Sohn vors Gesicht gehalten hat.

Doch reines Lebensglück findet Kafka in der Welt des Judentums so wenig wie in der Welt des Künstlertums. Er partizipiert an zeitgenössischen Diskursen über Judentum und Zionismus in Prag, versichert sich – auch durch Lektüre einschlägiger Bücher und Zeitschriften – seines eigenen Judentums[6] und interessiert sich für die mystische Frömmigkeitsbewegung des Chassidismus, von Bubers Textselektionen wieder neu verlebendigt, ohne sie aber zu idealisieren. Kafka durchschaut auch hier befremdliche Züge, je mehr er führende Rabbiner dieser Bewegung kennenlernt: deren geradezu gottgleiche Monumentalisierung und deren devote, unkritische Gefolgschaft.[7]

Zugleich hat eine Beobachtung von Bernd Witte etwas für sich: »In dem naiven jüdischen Künstlertum dieser Parias [wie die Ostjuden es im Westen sind] sieht der Westjude Kafka das reine, kindlich unschuldige Ich lebendig vor sich, das er durch sein einsames Schreiben zu verwirklichen sucht. Er möchte sein Werk der kleinen Literatur zuschreiben, deren Modell für ihn die jiddische darstellt. Dazu gehört für ihn Kenntnis und Einbeziehung der jüdischen Tradition, Deutung und Neuschreiben der ›alten Schriften‹, Bewahrung des Gedächtnisses seiner Nation und Identifizierung mit den Kleinen, den Machtlosen« (Jüdische Tradition und Moderne, 2007, 152).

Zugleich aber bedeutet das nicht, »dass Kafka auf diesem Wege zu einem gesicherten und affirmativen Judentum gelangte«, so Andreas B. Kilcher. »Vielmehr zeichnet sich auch seine literarische Interpretation des Judentums durch eine unhintergehbare Ambivalenz aus: Auf der einen Seite greift er in seinen literarischen Texten zentrale Bilder, Begriffe und Denkfiguren des aktuellen jüdischen Diskurses auf. Auf der anderen Seite tut er dies jedoch stets indirekt und gleichnishaft verschoben. Damit erzeugt er eine ferne Nähe zum Judentum, die zwar die Assimilationskultur der Väter überwinden will […], dennoch eine Entscheidung für eine neue ›jüdische Gemeinschaft‹ […] nicht erreichen kann. Kafkas Judentum muss so gegenüber den festen Positionen von Assimilation und Zionismus als ein unsicheres und zugleich verunsicherndes Drittes erscheinen« (Biographie, 2008, 44).

Ablesbar wird das auch an Kafkas Einstellung zum politischen Zionismus. Lange auf Distanz, kommt es Anfang der 1920er-Jahre zu einem ernsthaften Interesse, sogar zu konkreten Plänen einer Übersiedlung nach Palästina, ohne dass sie Erfüllung haben finden können. Darüber wird eigens zu berichten sein (Kap. 16). Doch die literarischen Schlüsseltexte gerade auch aus den Jahren, die seine letzten werden sollten, sprechen noch eine andere Sprache.

12 Gleichnisgeschichten über Dazugehörigkeit

Es sind literarische Sondierungen, Probebohrungen vergleichbar. Mit jeweils einer ganz eigenen Versuchsanordnung. Sie kreisen um das Thema Identität und Anpassung, Künstlertum des Einzelnen und dessen Verhältnis zur Gemeinschaft, zum Volk. So lässt Kafka im April 1917 in Bubers Zeitschrift »Der Jude« eine Erzählung mit dem Titel »Bericht für eine Akademie« erscheinen, die er dann auch in den Prosaband »Ein Landarzt« von 1920 aufnehmen wird (I, 234–245). Eine skurrile Geschichte vom Grenzgängertum zwischen Tier und Mensch.

Kafka lässt sie einen Affen erzählen, eingefangen bei einer Jagdexpedition und Monate in einem Käfig gehalten, bevor er in einem Varieté auftreten kann. Das Tier wird von einer »Akademie« eingeladen, um über sein Vorleben zu berichten. Ein groteskes Vorhaben. Aber dieser Bericht handelt von nichts anderem als seinem Versuch der Selbstverleugnung als Tier, um sich der Menschenwelt anzupassen, sie »nachzuäffen« mit dem Ziel, ein »Mensch« zu werden. Kafka also kleidet die Problematik mühsamer »Menschwerdung«, mühsamer Akzeptanz in der Menschenwelt in die groteske Geschichte eines Tieres, das sich als Menschenimitator versucht. Man geht in diesem Fall sicher nicht fehl, wenn man den Text unter der

Tiermaske als Gleichnisgeschichte auch autobiografisch deutet.

Denn so wie es für den Affen keine Rückkehr mehr gibt zu seinem früheren Affenleben, so auch für Kafka keine Rückkehr in ein orthodoxes jüdisches Leben von einst. So aber, wie es für den Affen nur eine Nachahmung des Menschlichen gibt, eine imitierende Zurschaustellung im Varieté der Welt, so auch für den »Mensch gewordenen« Franz Kafka als Künstler und als die Assimilation verachtenden Angehörigen des jüdischen Volkes. »Es verlockte mich nicht, die Menschen nachzuahmen; ich ahmte nach, weil ich einen Ausweg suchte«, erklärt der Affe (I, 243), und genau das ist die Situation Kafkas zwischen Immer-noch-Jude-Sein und Nicht-mehr-Jude-Sein-Können:

»Durch eine Anstrengung, die sich bisher auf der Erde nicht wiederholt hat, habe ich die Durchschnittsbildung eines Europäers erreicht«, lässt Kafka seinen Affen sagen. »Das wäre an sich vielleicht gar nichts, ist aber insofern doch etwas, als es mir aus dem Käfig half und mir diesen besonderen Ausweg, diesen Menschenausweg verschaffte« (I, 244).

Präziser kann man im Gleichnis die Lage von Angehörigen des entwurzelten, der orthodoxen Tradition entfremdeten Westjudentums nicht beschreiben, das unter Anpassungs-, ja Assimilationsdruck einer Mehrheitsgesellschaft steht, welche die Norm für »vollgültiges Menschsein« vorgibt.

Nein, ein Jude unter Juden zu werden, aufzugehen in der Volksgemeinschaft, wie es am Schluss der jüdischsten aller jüdischen Geschichten Kafkas, der Erzählung »Josefine, die Sängerin oder Das Volk der Mäuse« heißt, auch noch »in gesteigerter Erlösung« – das kann, das will Kafka nicht. Gerade dieser letzte seiner Texte (I, 274–294), noch kurz vor seinem Tod geschrieben und ebenfalls in »Ein Hungerkünstler« (1924) veröffentlicht, bleibt Ausdruck einer U-topie im buchstäblichen Wortsinn: Ausdruck eines Nicht-Ortes, einer Nicht-Heimat des Juden und Künstlers Franz Kafka innerhalb seines Volkes.

Wieder hatte Kafka sein Thema »Dazugehörigkeit« des Künstlers in eine Tiergeschichte gekleidet. Er lässt sie vom Angehörigen eines Mäusevolkes erzählen, und dieses hier geschilderte Verhältnis Volk – Künstlerin ist nicht frei von Spannungen, nicht zuletzt wegen zunehmender Starallüren der Sängerin. Als man ihr dann auch noch die Bitte verweigert, wegen ihrer Kunst ganz von körperlicher Arbeit befreit zu werden, stellt Josephine ihren Gesang mehr und mehr ein, zieht sich zurück und verschwindet dann ganz: »sie will nicht singen, sie will nicht einmal darum gebeten werden, sie hat uns diesmal völlig verlassen« (I, 293). Eine Künstlerin in ihrem und für ihr Volk also? Das wird »eine kleine Episode in der ewigen Geschichte unseres Volkes« bleiben, ist der Erzähler überzeugt, »und das Volk wird den Verlust überwinden«. Und so endet diese Geschichte denn auch, deren Pointe man freilich à la Kafka dialektisch »gegen den Strich« lesen muss: »Vielleicht werden wir also gar nicht sehr viel entbehren, Josephine aber, erlöst von der irdischen Plage, die aber ihrer Meinung nach Auserwählten bereitet ist, wird fröhlich sich verlieren in der zahllosen Menge der Helden unseres Volkes, und bald, da wir keine Geschichte treiben, in gesteigerter Erlösung vergessen sein wie alle ihre Brüder« (I, 294).

Damit ist für uns ein Kreis geschlossen, und wir erkennen bei Kafka einen engen Zusammenhang zwischen seiner Selbstwahrnehmung als Künstler und seiner Selbstwahrnehmung als Angehöriger eines Judentums, wie er es im heimischen Prag kennengelernt hatte. Sein Leben im Grenzbereich der Völker und Sprachen, seine Erfahrungen als assimilierter Westjude mit einem vitalen Ostjudentum macht es ihm möglich, an »der schrecklichen inneren Lage dieser Generationen« leidend, exemplarische Situationen, Konflikte und Komplexe des Menschen in der ersten Hälfte des 20. Jahrhunderts gleichnishaft zu beschreiben.

Im literarischen Werk freilich wird diese »Exterritorialität« direkt nicht thematisch. Nirgendwo beschreibt Kafka einen Menschen jüdischer Herkunft, der an Diskursen über Judentum und Zionismus teilgenommen hätte. Das Wort »Jude« kommt in keinem seiner literarischen Texte vor. Aber dieser Autor tut etwas viel Wichtigeres: Er findet und erfindet Geschichten, in denen sich die exterritoriale Grundsituation des Menschen in grundsätzlicher Weise buchstäblich ver-dichtet. Andreas Kilcher hat das treffend beschrieben: Kafkas literarische Texte rufen »einen jüdischen Diskurs nicht auf der textuellen Oberfläche« auf, »sondern palimpsestartig und bruchstückhaft verschoben«. Das Judentum wird »als verborgene Textur von Kafkas literarischer Schrift nicht aus-, sondern angesprochen« (Kafka-Handbuch, 2008, 206).

13 Leben mit dem Gesetz »vor dem Gesetz«

Das kommt literarisch nirgendwo treffender zum Ausdruck als in dem Prosastück »Vor dem Gesetz«. Dabei darf der Text nicht, wie vielfach geschehen, allein auf Bezüge zum Judentum reduziert werden. Vielmehr ist er so gefasst, dass er auf eine grundsätzliche Situation von Menschen in der Moderne des frühen 20. Jahrhunderts verweist, ob Jude oder Nichtjude. Ist denn nicht in der Tat die Situation ungezählter Menschen zu Beginn des 20. Jahrhunderts die eines jeweiligen »Davor«, einer Nicht-Zugänglichkeit zu einer traditionellen religiösen oder politischen Ordnung, einer Nicht-Erfahrung institutioneller Geborgenheit? Ungezählte Menschen schon zu Beginn des 20. Jahrhunderts leben grundsätzlich *vor* oder *neben* einer solchen Welt der Ordnung. Sie finden keinen Zugang oder keinen Zugang mehr. Leben im *Vor*-Raum. Leben »vor dem Gesetz«.

Franz Kafka hat uns diesen seinen Schlüsseltext in zwei sehr verschiedenen Kontexten hinterlassen. Ursprünglich geschrieben wird er für den Roman »Der Prozess«, der 1914/15 entsteht und nie vollendet wird. Hier findet sich der Text in der nachmals berühmten Szene »Im Dom«. Dem Protagonisten Josef K. wird sie ausgerechnet von einem christlichen Geistlichen in einer Kirche erzählt, nachdem er diesen, wie wir hörten, über das Faktum einer Anklage vor Gericht informiert hat. Kafka isoliert den Text dann, nimmt ihn aus dem Roman heraus und lässt ihn zunächst im September 1915 in der Zeitschrift »Die Selbstwehr« des Prager jüdischen Studentenverbandes erscheinen, bevor er ihn in den im Mai 1920 veröffentlichten Prosaband »Ein Landarzt« aufnimmt. 14 Texte enthält dieser Band. »Vor dem Gesetz« steht als fünfter Text zwischen »Ein altes Blatt« und »Schakale und Araber«.

Der Text ist damit auch als eine vom Romangeschehen unabhängige tragfähige Einheit zu lesen, deren Publikation in einem jüdischen Kontext den Sinn keineswegs schon eindeutig determiniert, etwa als Kritik an der religionsgesetzlichen Auslegung der Tora. »Das Gesetz«, über dessen Inhalt wir Kafka-Leser:innen kein Wort erfahren, dürfte als eine offene, universale Chiffre zu verstehen sein für etwas undurchschaubar Forderndes, das weder mit moralischen noch mit rechtlichen Kriterien zu greifen ist. Entsprechend ist Leben »vor dem Gesetz« Ausdruck einer existentiellen Grundsituation von Menschen in der Welt der religionskritischen Moderne, die unaufgelöst bleibt. Ohne Absätze gedruckt, lautet der Text vollständig:

> »Vor dem Gesetz steht ein Türhüter. Zu diesem Türhüter kommt ein Mann vom Lande und bittet um Eintritt in das Gesetz. Aber der Türhüter sagt, dass er ihm jetzt den Eintritt

nicht gewähren könne. Der Mann überlegt und fragt dann, ob er also später werde eintreten dürfen. ›Es ist möglich‹, sagt der Türhüter, ›jetzt aber nicht.‹ Da das Tor zum Gesetz offensteht wie immer und der Türhüter beiseite tritt, bückt sich der Mann, um durch das Tor in das Innere zu sehn. Als der Türhüter das merkt, lacht er und sagt: ›Wenn es dich so lockt, versuche es doch, trotz meines Verbotes hineinzugehn. Merke aber: ich bin mächtig. Und ich bin nur der unterste Türhüter. Von Saal zu Saal stehn aber Türhüter, einer mächtiger als der andere. Schon den Anblick des dritten kann nicht einmal ich mehr ertragen.‹ Solche Schwierigkeiten hat der Mann vom Lande nicht erwartet; das Gesetz soll doch jedem und immer zugänglich sein, denkt er, aber als er jetzt den Türhüter in seinem Pelzmantel genauer ansieht, seine große Spitznase, den langen, dünnen, schwarzen tatarischen Bart, entschließt er sich, doch lieber zu warten, bis er die Erlaubnis zum Eintritt bekommt. Der Türhüter gibt ihm einen Schemel und lässt ihn seitwärts von der Tür sich niedersetzen. Dort sitzt er Tage und Jahre. Er macht viele Versuche, eingelassen zu werden, und ermüdet den Türhüter durch seine Bitten. Der Türhüter stellt öfters kleine

Verhöre mit ihm an, fragt ihn über seine Heimat aus und nach vielem andern, es sind aber teilnahmslose Fragen, wie sie große Herren stellen, und zum Schlusse sagt er ihm immer wieder, dass er ihn noch nicht einlassen könne. Der Mann, der sich für seine Reise mit vielem ausgerüstet hat, verwendet alles, und sei es noch so wertvoll, um den Türhüter zu bestechen. Dieser nimmt zwar alles an, aber sagt dabei: ›Ich nehme es nur an, damit du nicht glaubst, etwas versäumt zu haben.‹ Während der vielen Jahre beobachtet der Mann den Türhüter fast ununterbrochen. Er vergisst die andern Türhüter und dieser erste scheint ihm das einzige Hindernis für den Eintritt in das Gesetz. Er verflucht den unglücklichen Zufall, in den ersten Jahren rücksichtslos und laut, später, als er alt wird, brummt er nur noch vor sich hin. Er wird kindisch, und, da er in dem jahrelangen Studium des Türhüters auch die Flöhe in seinem Pelzkragen erkannt hat, bittet er auch die Flöhe, ihm zu helfen und den Türhüter umzustimmen. Schließlich wird sein Augenlicht schwach, und er weiß nicht, ob es um ihn wirklich dunkler wird, oder ob ihn nur seine Augen täuschen. Wohl aber erkennt er jetzt im Dunkel einen Glanz, der unverlöschlich

> aus der Türe des Gesetzes bricht. Nun lebt er nicht mehr lange. Vor seinem Tode sammeln sich in seinem Kopfe alle Erfahrungen der ganzen Zeit zu einer Frage, die er bisher an den Türhüter noch nicht gestellt hat. Er winkt ihm zu, da er seinen erstarrenden Körper nicht mehr aufrichten kann. Der Türhüter muss sich tief zu ihm hinunterneigen, denn der Größenunterschied hat sich sehr zu Ungunsten des Mannes verändert. ›Was willst du denn jetzt noch wissen?‹, fragt der Türhüter, ›du bist unersättlich.‹ ›Alle streben doch nach dem Gesetz‹, sagt der Mann, ›wieso kommt es, dass in den vielen Jahren niemand außer mir Einlass verlangt hat?‹ Der Türhüter erkennt, dass der Mann schon an seinem Ende ist, und, um sein vergehendes Gehör noch zu erreichen, brüllt er ihn an: ›Hier konnte niemand sonst Einlass erhalten, denn dieser Eingang war nur für dich bestimmt. Ich gehe jetzt und schließe ihn.‹« (I, 211f.).

Im Roman schließt sich nach der Türhüter-Geschichte eine subtile Auslegung dieser Parabel an – im Gespräch zwischen Josef K. und dem Gefängnisgeistlichen (III, 221–235). Alle möglichen Auslegungsvarianten werden durchgespielt: die Rolle des Türhüters, die Bedeutung des Gesetzes, die Stellung von K. Vor allem die Frage: Hat der Türhüter den »Mann von Lande« über seinen Zugang zum »Gesetz« richtig informiert oder getäuscht oder ist er selber ein Getäuschter? Gibt es Lücken im Charakter des Türhüters? Hat der Türhüter, der ja im Dienst des »Gesetzes« steht, selber ein Wissen über das »Gesetz«, ist er selber je im Binnenraum des »Gesetzes« gewesen? Und, und, und … Legt man als eine Lesart eine jüdische Folie unter, wirkt die ganze, über viele Seiten gehende Auslegung der Türhüter-Geschichte in ihrer subtilen Wörtlichkeit in der Tat wie ein Stück rabbinischer Schriftauslegung.

Und in der Tat hat man in der Kritik von einem in diesem Text verdichteten »halachischen und kabbalistischen Gesetzes- und Gerichtsbegriff« gesprochen: mit den Instanzen Richter, Türhüter, Mann vom Lande und daraus gefolgert: »Kafkas Literatur ist zwar nicht Kabbala in dem Sinne, dass sie ihre ›Wurzeln in die alten Jahrhunderte treibt‹. Sie ist aber Kabbala in dem Sinne, wie es Gershom Scholem verstanden hat: im Sinne einer Krise des Gesetzes […] Dieser sabbatianische, potentiell häretische Begriff der Kabbala als Verlust, Profanierung oder Außerkraftsetzung des Gesetzes und des Gerichts stimmt auf überraschende Weise mit der westjüdischen Konstitution von Kafkas Schreiben, jenem negativen Verhältnis zu Tradition und Gemeinschaft, überein.« So verstanden, könnte man Kafkas »berühmtesten ›Gesetzestext‹«, das Romanfragment »Der Prozess«, in der Tat von diesem »häretischen« Gesetzes- und Gerichtsbegriff« her interpretieren (Andreas B. Kilcher, Art. Kafka, in: Deutsch-Jüdische Literatur, 2000, 113).

Auf weitere Auslegungsvarianten der Domszene im Roman muss ich hier verzichten und verweise auf die Ausgabe von Heribert Kuhn (2000). Ich konzentriere mich auf die separat publizierte Parabel »Vor dem Gesetz«, und die ist rätselhaft und komplex genug. Betrachtet man ihre Struktur näher, gehen vier gesicherte, einander aber scheinbar ausschließende Informationen von ihr aus.

Die eine ist: »Das Gesetz« (was immer diese vieldeutige, offene und zugleich universale Chiffre bedeutet) existiert und ist für jeden Einzelnen da. Ja, jeder Mensch, wie der Türhüter am Ende ausdrücklich bestätigt, hat *seinen* Zugang, seine *eigene* Tür zum »Gesetz«. Der Mann in der Geschichte erhält den Zugang freilich »jetzt« nicht, was aber grundsätzlich »möglich« ist. Denn das »Tor zum Gesetz« steht »wie immer offen«, und als der Türhüter beiseite tritt, kann der Mann »durch das Tor in das Innere sehen«.

Die zweite: Der Einzelne, hier stellvertretend »der Mann vom Lande«, erreicht seinen Zugang nicht – und zwar bis an sein Lebensende nicht, aus Gründen, welche im Text nicht im einzelnen angeführt, bestenfalls vage angedeutet werden. Warum harrt er so lange vor der Tür aus, bis es buchstäblich mit ihm zu Ende geht? Einmal ist von der Furcht des Mannes die Rede, sich gegen die Macht seines Türhüters und der weiteren vor den folgenden Sälen noch stehenden Türhüter Eingang zu verschaffen. So will er »lieber warten«, obwohl er weiß, »das Gesetz soll doch jedem und immer zugänglich sein«. Am Ende »verflucht er den unglücklichen Zufall«, sich in den ersten Jahren nicht »rücksichtslos und laut« genug artikuliert zu haben. Auch Bestechungsversuche hat der Mann unternommen, ohne freilich auch damit etwas zu erreichen. Aber ausreichende Gründe, die dann sein passives, abwartendes Verhalten bis zu seinem Ende erklären könnten, werden uns nicht präsentiert. Bis zu seinem Tod bleibt der Mann »vor der Tür« und damit »vor dem Gesetz«. Warum? Er ist doch freiwillig da. Niemand hindert ihn daran, zu gehen. Kein Verbot, keine Strafe …

Das Warten aber ist – dritte Information – für den Mann in dieser Parabel ganz offensichtlich kein Grund, das Streben nach dem Gesetz aufzugeben und aus der Erfahrung der Vergeblichkeit zu folgern, dieses Streben sei sinnlos. Denn mit der gleichen Sicherheit, mit der die Existenz des Gesetzes behauptet wird, kann der Mann unwidersprochen konstatieren: »Alle streben doch nach dem Gesetz«! Beides, die Existenz des »Gesetzes« und das Streben danach, wird mit keinem Wort infrage gestellt, obwohl wir vom Inhalt des Gesetzes kein Wort erfahren. Dafür ist einmal von einem »Glanz« die Rede, »der unverlöschlich aus der Türe des Gesetzes bricht«.

Dabei ist – vierte Information – der Wirklichkeitsstatus der Geschichte völlig in der Schwebe. Machen wir uns klar: Kafka erzählt hier eine fiktive Geschichte, von ihm im Tagebuch »Legende« genannt (XI, 63). Im Roman lässt er sie sogar durch eine erfundene Figur erzählen. Der Türhüter seinerseits berichtet dem Mann von seinem Wissen über den Binnenraum des Gesetzes: von den immer mächtiger werdenden Türhütern. Der Mann wiederum glaubt ihm, denn er macht »viele Versuche, eingelassen zu werden« und »ermüdet den Türhüter durch seine Bitten«. Doch im Lauf der Jahre scheitern alle Versuche, den Türhüter umzustimmen und damit seinen Zugang zu erreichen. Ja, er »wird kindisch, und, da er in dem jahrelangen Studium des Türhüters auch die Flöhe in seinem Pelzkragen erkannt hat, bittet er auch die Flöhe, ihm zu helfen und den Türhüter umzustimmen.« Eine Abwärtsspirale ins Absurde, die aber den »Mann vom Lande« ebenfalls nicht abgeschreckt hat.

Warum nicht, bleibt als Rätsel. Hat der Mann in Sachen »Gesetz« möglicherweise etwas gründlich missverstanden? Hat er sich getäuscht über »das Gesetz« und in seinem Vertrauen, »dass das Gesetz jedem und immer zugänglich« sein soll? Auch für ihn? Ist er getäuscht worden? Von wem, von diesem Türhüter, der den Mann bis zum Ende warten lässt, ohne ihm zu helfen? Ja, der ihm am Ende in kalter, unbarmherziger Weise die Tür schließt, wissend, dass »dieser Eingang«

nur für diesen einen Mann bestimmt gewesen sei: »Ich gehe jetzt und schließe ihn.« Wenn aber alles an dieser Geschichte »erfunden« ist oder auf Täuschung und Selbsttäuschung beruhen könnte, ist vielleicht auch die Existenz eines »Gesetzes« erfunden? Existiert es gar nicht wirklich oder nur in der Einbildung des Türhüters oder als Wunschprojektion des »Mannes vom Lande«? Wäre also der Text auch als Parabel über eine große Täuschung zu lesen? Und ist es ein Zufall, dass der Mann erst kurz vor seinem Ende »im Dunkel einen Glanz« erkennt, »der unverlöschlich aus der Türe des Gesetzes bricht«? Was aber ist das für ein Zeichen? Das einer Erwartung des Heils für ihn nach dem Tod oder noch einmal trügerischer Ausdruck eines absurden Endes, das sich um sein Heil betrogen weiß?

Wer bis hierher Kafkas Strategie der Wirklichkeitsverrätselung verfolgt hat, wird sich über solche Fragen nicht wundern. Sie sind von ihm provoziert. Hier, in der »Gesetzes«-Parabel, aber macht die Gleichzeitigkeit die fast unerträgliche innere Spannung aus, die Kafka in diese äußerlich handlungsarme, gewollt undramatische Geschichte gelegt hat: die Gleichzeitigkeit von Wissen um »das Gesetz«, ja »Streben nach dem Gesetz« *und* der Unfähigkeit, Unwilligkeit, jedenfalls Vergeblichkeit, »das Gesetz« zu erreichen, verbunden mit der Bereitschaft, bis zum Ende zu warten, ohne das Vorhaben aufzugeben oder die Existenz »des Gesetzes« infrage zu stellen. Zugleich setzt die mögliche Erfindung einer Erfindung uns Leser:innen unter Spannungsdruck.

Kafka aber denkt nicht daran, diese Spannungen aufzulösen. Er lässt uns damit allein. Dieses sich selbst zur Passivität und Ohnmacht verurteilende Warten aber, das die Spannung, ja Ungeduld von uns Leser:innen steigert und nicht auflöst, ist das für einen heutigen Kafka-Leser Verstörende. Am liebsten möchte man in diese Geschichte, da so bedrückend real, hineinspringen und diesen »Mann vom Lande« aufrütteln. Aufrütteln zu Protest, Anklage, Rebellion – oder ihn von dieser Tür hinaus in die Freiheit schicken. Lass doch dieses sinnlose Warten! Erwache aus dem Zustand der Täuschung! Aber solche Spannungen muten uns die Texte dieses Schriftstellers nun einmal zu. Glatter, harmonischer, gefälliger sind sie nicht zu haben. Dazu hat der Kafka-Leser Hermann Hesse, der das Werk schon 1935 besprochen hat, ein kluges Wort gefunden: »Ein ›religiöser Dichter‹ im Sinne der üblichen Erbauungsliteratur hätte diesen armen Menschen [in »Vor dem Gesetz«] den Weg finden lassen, man hätte ein wenig mit ihm sich geplagt und gelitten, und ihn dann aufatmend durch die erreichte Pforte treten sehen. Kafka führt uns nicht so weit, dafür führt er uns in Tiefen der Verwirrung und Verzweiflung« (SW 20, 53).

14 Endstation Sehnsucht: »Eine kaiserliche Botschaft«

Die Türen zum »Gesetz« bleiben zwar verschlossen, aber Sehnsüchte, Hoffnungen, Erwartungen, Träume gibt es nach wie vor. Dafür steht eine weitere Geschichte aus dem Prosaband »Der Landarzt« von 1920. Sie trägt den Titel: »Eine kaiserliche Botschaft« (I, 221f.). Eine weitere Versuchsanordnung und Probebohrung in Sachen Haltbarkeit von Traditionen in der Moderne, entstanden 1917. Man kann den neuen Text ohne viel Mühe mit der schon im September 1915 erschienenen Parabel »Vor dem Gesetz« zusammen lesen. Und auch hier ist die Pointe nicht auf eine kritische Auseinandersetzung Kafkas mit dem Judentum zu reduzieren, obwohl sein Verfasser auch diesen seinen Text zunächst in der »Selbstwehr«, dem publizistischen Organ der Prager jüdischen Studentenverbindung »Bar Kochba«, hatte erscheinen lassen. Man darf aber durchaus auch hier einen kritischen Bezug zum Judentum herstellen:

> »Der Kaiser – so heißt es – hat Dir, dem Einzelnen, dem jämmerlichsten Untertanen, dem winzig vor der kaiserlichen Sonne in die fernste Ferne geflüchteten Schatten, gerade Dir hat der Kaiser von seinem Sterbebett aus eine Botschaft gesendet. Den Boten hat er

beim Bette niederknien lassen und ihm die Botschaft ins Ohr zugeflüstert; so sehr war ihm an ihr gelegen, dass er sich sie noch ins Ohr wiedersagen ließ. Durch Kopfnicken hat er die Richtigkeit des Gesagten bestätigt. Und vor der ganzen Zuschauerschaft seines Todes – alle hindernden Wände werden niedergebrochen und auf den weit und hoch sich schwingenden Freitreppen stehen im Ring die Großen des Reichs – vor allen diesen hat er den Boten abgefertigt. Der Bote hat sich gleich auf den Weg gemacht; ein kräftiger, ein unermüdlicher Mann; einmal diesen, einmal den anderen Arm vorstreckend schafft er sich Bahn durch die Menge; findet er Widerstand, zeigt er auf die Brust, wo das Zeichen der Sonne ist; er kommt auch leicht vorwärts, wie kein anderer. Aber die Menge ist so groß; ihre Wohnstätten nehmen kein Ende. Öffnet sich freies Feld, wie würde er fliegen und bald wohl hörtest Du das herrliche Schlagen der Fäuste an Deiner Tür. Aber statt dessen, wie nutzlos müht er sich ab; immer noch zwängt er sich durch die Gemächer des innersten Palastes; niemals wird er sie überwinden; und gelänge ihm dies, nichts wäre gewonnen; die Treppen hinab müsste er sich kämpfen; und gelänge ihm dies, nichts

> wäre gewonnen; die Höfe wären zu durchmessen; und nach den Höfen der zweite umschließende Palast; und wieder Treppen und Höfe; und wieder ein Palast; und so weiter durch Jahrtausende; und stürzte er endlich aus dem äußeren Tor – aber niemals, niemals kann es geschehen –, liegt erst die Residenzstadt vor ihm, die Mitte der Welt, hochgeschüttet voll ihres Bodensatzes. Niemand dringt hier durch und gar mit der Botschaft eines Toten. – Du aber sitzt an Deinem Fenster und erträumst sie Dir, wenn der Abend kommt.« (I, 221f.)

Einmal mehr inszeniert Kafka auch hier in Form einer kleinen Erzählung ein »Spiel«, ein »Spiel« zum Thema Bestimmung und Scheitern, und lässt auch hier den Wirklichkeitsstatus schon nach zwei Worten offen: »Der Kaiser – so heißt es – hat …« Heißt es? Von wem? Wer hat das bezeugt? Wer hat das überliefert? Welche Gewissheit kann man haben? Und: Wer ist mit dem »Du« durch wen angeredet?

Diesmal ist nicht von einem »Gesetz« die Rede, das existiert und das für jeden Einzelnen da ist, sondern von der »Botschaft« eines »Kaisers«. Der Autoritätsgrad ist somit auch hier hoch, auch die Universalität der Chiffre. »Von seinem Sterbebett« aus, heißt es, hat der Kaiser diese seine Botschaft durch einen Boten

»gerade Dir« geschickt, dem »jämmerlichsten Untertan« in der »fernsten Ferne« seines Reiches. Der anonym bleibende Erzähler spricht ein »Du« direkt an. Und um keinen Zweifel aufkommen zu lassen, dass der Bote die Botschaft möglicherweise missverstanden hätte, lässt sich der Kaiser die Botschaft durch den vor seinem Bett niederknieenden Boten noch einmal ins Ohr flüstern, um ihre Richtigkeit durch Kopfnicken zu bestätigen. Dann ist der Kaiser tot.

Es ist dieselbe Ausgangslage wie in der »Gesetzes«-Parabel, nur sind die Bewegungsrichtungen beider Texte umgekehrt: Der »Mann vom Lande« will ins Innere des »Gesetzes«, während der Kaiser aus seinem Palast seine Botschaft nach außen sendet und sein Bote denn auch nach außen eilt. Die Botschaft einer höchsten Autorität also existiert in beiden Fällen, und zwar gezielt für einen Einzelnen, ihr Inhalt aber wird weder ihm noch dem »Du« noch uns Leser:innen mitgeteilt. Und wie in der »Gesetzes«-Geschichte sind es auch hier gewaltige Hindernisse, die zwischen dem Sender der Botschaft und dem Empfänger stehen. Was dort Säle über Säle sind, vor denen jeweils immer mächtigere Türhüter stehen, die einen vom Zugang zum »Gesetz« ohne Erlaubnis abschrecken, sind hier die massenhaften »Gemächer« des Palastes und dann die ungezählten Höfe und Treppen von Palast zu Palast, die noch folgen und den Boten mit seiner Botschaft nicht zum Ziel kommen lassen. Und was dort die »vielen Jahre« sind, die der »Mann vom Lande« vergeblich auf Zulassung wartet, sind hier – nochmals gesteigert – die »Jahrtausende«, die der Bote dafür bräuchte, um auch nur aus dem einen kaiserlichen Palast herauszukommen. Und selbst wenn dem Boten dies einmal gelänge, »endlich aus dem äußersten Tor« hinauszustürzen (»aber niemals, niemals kann es geschehen«, beeilt sich der Erzähler hinzuzufügen), dann läge erst noch »die Residenzstadt« vor ihm. Und die ist in der »Mitte der Welt«. Der Bote aber müsste ja in »die fernste Ferne«. Fazit: »Niemand dringt hier durch und gar mit der Botschaft eines Toten.«

Dieser Schluss aber scheint eine Verschärfung des Schlusses der »Gesetzes«-Geschichte zu sein. Was dort als Hoffnung grundsätzlich bestehen bleibt: Das Gesetz existiert und ist grundsätzlich jedem und immer zugänglich, scheint hier unerbittlich dementiert mit dem Wort »niemals«, das zweimal emphatisch wiederholt wird: »Niemals« wird der Bote mit der Botschaft auch nur die Welt der Paläste verlassen können, geschweige denn in der »fernsten Ferne« des Reiches ankommen, und »niemand« dringt durch alle Hindernisse durch und schon gar nicht »mit der Botschaft eines Toten«.

Zwei Jahre nach Veröffentlichung der Prosasammlung »Der Landarzt«, von Januar bis August 1922, wird Kafka an seinem dritten Romanversuch arbeiten. Die undurchdringlichen Systeme der kaiserlichen Paläste erinnern an die undurchdringlichen Strukturen, die Kafka im »Schloss«-Roman so beklemmend beschreiben wird. Sie erinnern aber auch an Strukturen des talmudisch-rabbinischen Judentums, in dem die Botschaft der Tora durch die Vermittlungen ungezählter rabbinischer Auslegungsinstanzen und Auslegungsvarianten gebrochen wird. Kann sie bei den »Einzelnen«, den »jämmerlichsten Untertanen« gar nicht mehr ankommen? Ist die Botschaft zu Tode interpretiert? So tot, wie es der »Kaiser« ist, der längst nicht mehr lebt, während sein Bote noch von Palast zu Palast eilt, um seine Botschaft an den Empfänger nach außen zu tragen? Gottesfinsternis herrscht in solchen Texten Kafkas: Rückzug Gottes ins Dunkel. In welchem Sinn? Im Sinne der kabbalistischen Mystik oder des Nihilismus à la Nietzsche? Das bleibt offen.

In der »Kaiserlichen Botschaft« aber fügt Kafka dem rabenschwarzen Schluss radikalen Zweifels noch eine überraschende kontrafaktische Wende an – eine zweite Du-Anrede durch den Erzähler, die vor Ambivalenz nur so schillert und die Pointe noch einmal zum Schweben bringt: »Du aber sitzt an Deinem Fenster und erträumst sie Dir, wenn der Abend kommt.«

Endstation Sehnsucht? Nimmt Kafka die »kaiserliche Botschaft« in dieser Geschichte zurück in den Modus eines Traums am Ende des Tages? Sie existiert vielleicht also gar nicht, diese Botschaft eines Kaisers an »mich«? Sie ist vielleicht nur die Wunschprojektion eines verzweifelt Wartenden? Was die Rückfragen verschärft: Warum überhaupt an einen Kaiser glauben, der schon tot ist? Warum an eine Botschaft von ihm, die nach menschlichem Ermessen nie ankommen wird? Was also lässt einen überhaupt noch von einer Botschaft zumindest träumen? Warum begräbt man den Traum nicht als Illusion, als Täuschung, als Selbstbetrug? Warum kann Kafka literarisch auch hier noch einmal mit einem letzten Rest Hoffnung »spielen«? Weil es den Kaiser gegeben hat und dessen Botschaft an »mich« auch? Beides wird im Text nicht dementiert. Warum sie also nicht »erträumen«, diese Botschaft, wenn die Stunde schlägt: am »Abend«, will sagen, wenn die Lichter erloschen sind und die Dämmerung einsetzt? Ein zutiefst mehrdeutiger Schluss, keine Frage, dessen Ambiguität Kafka auch in diesem Fall nicht auflöst.

15 Fragmente religiöser Reflexion: Kafka als Bibelleser

Doch wir dürfen nicht vergessen: Neben dem literarischen gibt es noch ein zweites, ein autobiografisches »Werk« von Franz Kafka. Es ist schon vom Umfang her beträchtlich und umfasst unter anderem die acht zwischen Ende 1916 und Anfang Mai 1918 entstandenen Oktavhefte mit Aufzeichnungen und Entwürfen, aus denen Max Brod 1931 erstmals Teile unter dem Titel »Beim Bau der Chinesischen Mauer« veröffentlichte (heute in Bd. VI). Dann verschiedene Notizen und Skizzen, etwa die von Max Brod so genannten »Aufzeichnungen aus dem Jahre 1920« mit dem Titel »Er« (heute in Bd. XI, 174–186). Dann die sogenannten »Aphorismen« (VI, 228–248) und nicht zu vergessen zahlreiche Tagebuch- und Briefäußerungen. Wohlgemerkt: Was Kafka hier hinterlassen hat, ist nicht direkt ins literarische Werk eingegangen, sondern steht als Material neben dem literarischen Werk, als Material, das nicht Literatur geworden ist. Kafka stirbt zu früh, als dass er dies alles zu einer großen Synthese hätte verarbeiten können – wenn er es gekonnt oder überhaupt gewollt hätte.

Dieses Material ist denn auch nicht zu systematisieren. Aber gewisse Grundthemen und Stilelemente lassen sich erkennen. Da stehen pointierte Aphorismen mit blitzartigen Perspektivenwechseln neben längeren meditativen Passagen. »Ein Käfig ging einen Vogel suchen« (VI, 231); »einer staunte darüber, wie leicht er den Weg der Ewigkeit ging; er raste ihn nämlich abwärts« (VI, 234); »ein Glaube wie ein Fallbeil, so schwer, so leicht« (VI, 243): Solchen und vielen anderen geistig funkelnden Aphorismen stehen längere Reflexionen wie diese gegenüber:

> »Der Mensch kann nicht leben ohne ein dauerndes Vertrauen zu etwas Unzerstörbarem in sich, wobei sowohl das Unzerstörbare als auch das Vertrauen ihm dauernd verborgen bleiben können. Eine der Ausdrucksmöglichkeiten dieses Verborgenbleibens ist der Glaube an einen persönlichen Gott.« (VI, 236)

Oder diese:

> »›Dass es uns an Glauben fehle, kann man nicht sagen. Allein die einfache Tatsache unseres Lebens ist in ihrem Glaubenswert gar nicht auszuschöpfen.‹
> ›Hier wäre ein Glaubenswert? Man kann doch nicht nichtleben.‹
> ›Eben in diesem ›kann doch nicht‹ steckt die wahnsinnige Kraft des Glaubens; in dieser Verneinung bekommt sie Gestalt.‹«
> (VI, 218f.248)

Die Aufzeichnungen, nimmt man auch die Tagebücher hinzu, erhalten ihre größte Dichte dort, wo sich Kafka mit biblischen Überlieferungen zu beschäftigen beginnt. Überblickt man seine Auseinandersetzung mit solchen Traditionen, so dominieren Themen wie Gericht, Vertreibung aus dem Paradies, Sündenfall, nicht aber Exodus, Prophetie und Erlösung. Kafkas selektive Lesart filtert Versagens-, Vertreibens- und Gerichtserfahrungen heraus, und zwar mit einer Selbstverständlichkeit, die sich nur aus der persönlichen Affinität zu solchen Themen erklärt.

Kafka als Bibelleser: Das ist für uns ein Stück Erhellung traumatischer Lebenszusammenhänge; ein Stück Trauerarbeit an Nichtgelungenem, Gescheitertem; ein Stück Einholung der Bibel in ein Gespräch buchstäblich über Leben und Tod. Es geht um die Rückgewinnung einer letzten Ernsthaftigkeit im Umgang mit dem biblischen Text. Auf Einzelheiten und Hintergründe von Kafkas selektiver Bibellektüre ist hier nicht einzugehen. Welche Überlieferungen ihn beeinflusst haben mögen, kann nicht Gegenstand unserer »Würdigung« sein. Ich verweise auf die Untersuchung von Bertram Rohde, »›und blätterte ein wenig in der Bibel‹. Studien zu Franz Kafkas Bibellektüre und ihren Auswirkungen auf sein Werk«, Würzburg 2002, insbesondere auf die Kapitel zu »Abraham« und »Moses«-Bild.

Was meinte Kafka, wenn es im »Tagebuch« heißt: »Nur das Alte Testament sieht«? Man hat ihn einen modernen Hiob genannt (M. Susman, 1929). Vielleicht nicht zu Unrecht. Aber wenn Kafka eine Hiob-Figur gewesen ist, dann eine, die bloß noch unter Gottes Abwesenheit leidet. Kein Hiob jedenfalls, der mit Gott gehadert, darin Recht bekommen und Gottes gütige Hand zu guter Letzt erfahren hätte. Im Gegenteil. Dieser Mann wäre ein Hiob, der sich als ein von Gott Verstoßener erfährt. Er habe, trägt er in das zwischen Ende Januar und Anfang Mai 1918 geführte Oktavheft 8 ein, »das Negative« seiner Zeit, die er »gewissermaßen zu vertreten das Recht habe, kräftig angenommen«. Und er fügt wörtlich hinzu: »Ich bin nicht von der allerdings schon schwer sinkenden Hand des Christentums ins Leben geführt worden wie Kierkegaard und habe nicht den letzten Zipfel des davonfliegenden jüdischen Gebetsmantels noch gefangen wie die Zionisten. Ich bin Ende oder Anfang« (VI, 215).

»Ende oder Anfang«? Das ist kein Satz der Anmaßung, sondern die Selbstbestimmung eines Menschen, der nirgendwo in einer wohltemperierten Mitte lebt und leben kann, in der Geborgenheit einer Gemeinschaft, ob christlich oder jüdisch, der vielmehr in den Zonen der Extreme zu Hause ist. »Auf dem Seil«!

Keine der in seinen aphoristischen Texten angesprochenen biblischen Überlieferungen interessiert Kafka denn auch mehr als eine bestimmte Extremsituation: die von der Vertreibung aus dem Paradies und dem Sündenfall: »Warum klagen wir wegen des Sündenfalles? Nicht seinetwegen sind wir aus dem Paradiese vertrieben worden, sondern wegen des Baumes des Lebens, damit wir nicht von ihm essen« (VI, 241f.). In solchen paradoxen Sätzen beschreibt Kafka seine eigene ausweglose Situation: »Wir sind nicht nur deshalb sündig, weil wir vom Baum der Erkenntnis gegessen haben, sondern auch deshalb, weil wir vom Baum des Lebens noch nicht gegessen haben. Sündig ist der Stand, in dem wir uns befinden, unabhängig von Schuld« (VI, 242). – »Wir wurden geschaffen, um im Paradies zu leben, das Paradies war bestimmt, uns zu dienen. Unsere Bestimmung ist geändert worden; dass dies auch mit der Bestimmung des Paradieses geschehen wäre, wird nicht gesagt« (ebd.): In solchen Aussagen reflektiert Kafka das für ihn aussichtslose Problem der Omnipräsenz der Sünde, der Allgegenwart der Schuld. Das Alte Testament ist für ihn das Buch der Konfrontation mit seiner eigenen ausweglosen Existenz, kein Trost-, sondern ein Erkenntnisbuch, das unerbittlich bis in die Tiefen und Untiefen des Menschen »sieht«. Am 20. Oktober 1917 lautet der Eintrag ins »Oktavheft G«:

> »Wir sind, mit dem irdisch befleckten Auge gesehen, in der Situation von Eisenbahnreisenden, die in einem langen Tunnel verunglückt sind und zwar an einer Stelle, wo man das Licht des Anfangs nicht mehr sieht, das

> Licht des Endes aber nur so winzig, dass der Blick es immerfort suchen muss und immerfort verliert, wobei Anfang und Ende nicht einmal sicher sind. Rings um uns aber haben wir in der Verwirrung der Sinne oder in der Höchstempfindlichkeit der Sinne lauter Ungeheuer und ein je nach der Laune und Verwundung des Einzelnen entzückendes oder ermüdendes kaleidoskopisches Spiel.« (VI, 163)

Aus all dem folgt: Keiner der großen Schriftsteller der deutschen Literatur des 20. Jahrhunderts hat so unmittelbar biblische Aussagen über Schöpfung, Sündenfall, Paradiesvertreibung und Gesetz auf sich bezogen wie Franz Kafka. Bei keinem ist die Bibellektüre so zu einem quälenden Aufklärungsprozess über sich selbst geworden. Die Tagebücher machen klar, wie bedrückend eng Bibelexegese und Seelendiagnose nebeneinander stehen. 1916 heißt es:

> »Wüten Gottes gegen die Menschenfamilie
> die zwei Bäume
> das unbegründete Verbot
> die Bestrafung aller (Schlange, Frau und Mann)
> die Bevorzugung Kains
> den er durch die Ansprache noch reizt

> die Menschen wollen sich durch meinen Geist nicht mehr strafen lassen.« (XI, 16f.)

Es ist die Zeit, in der Kafka einen neuen Höhepunkt im selbstquälerischen Prozess erlebt, ob er mit Felice Bauer eine zweite Verlobung eingehen soll. Vom 2. bis 13. Juli 1916 verbringen sie gut zehn Tage im tschechischen Marienbad. Tagebuch, 5. Juli:

> »Mühsal des Zusammenlebens. Erzwungen von Fremdheit, Mitleid, Wollust, Feigheit, Eitelkeit und nur im tiefen Grunde vielleicht ein dünnes Bächlein würdig Liebe genannt zu werden, unzugänglich dem Suchen, aufblitzend einmal im Augenblick eines Augenblicks
> Arme Felice.« (XI, 128)

Einen Tag später noch konkreter. 6. Juli 1916:

> »Unglückliche Nacht. Unmöglichkeit, mit F. zu leben. Unerträglichkeit des Zusammenlebens mit irgendjemandem. Nicht Bedauern dessen; Bedauern der Unmöglichkeit, nicht allein zu sein. Weiter aber: Unsinnigkeit des Bedauerns, sich fügen und endlich verstehen. Von der Erde aufstehn. Halte dich an das Buch.« (XI, 128f.)

»Das Buch«? Was gemeint ist, zeigt die nächste Eintragung: »Nur das Alte Testament sieht – nichts noch darüber zu sagen« (XI, 129). Entsprechend setzt Kafka die Bibellektüre fort. 16. Juli 1916: »Isaac verleugnet seine Frau vor Abimelech, wie schon früher Abraham die seine.« Und: »Die Sünden Jaakobs. Prädestination Esaus« (XI, 131f.).

Keine 14 Tage später aber sollte es aus Kafka einmal förmlich herausbrechen, in einem bei ihm so seltenen, direkt gebetsartigen Text. 20. Juli 1916:

> »Erbarme Dich meiner, ich bin sündig bis in alle Winkel meines Wesens. Hatte aber nicht ganz verächtliche Anlagen, kleine gute Fähigkeiten, wüstete mit ihnen, unberatenes Wesen, das ich war, bin jetzt nahe am Ende, gerade zu einer Zeit, wo sich äußerlich alles zum Guten für mich wenden könnte. Schiebe mich nicht zu den Verlorenen. Ich weiß, es ist eine lächerliche, in der Ferne und schon sogar in der Nähe lächerliche Eigenliebe, die daraus spricht, aber lebe ich einmal, so habe ich auch die Eigenliebe des Lebendigen, und ist das Lebendige nicht lächerlich, dann auch seine notwendigen Äußerungen nicht. Arme Dialektik! [Bin ich verurteilt, so bin ich nicht nur verurteilt zum Ende, sondern auch ver-

> urteilt mich bis zum Ende hinein zu wehren.]« (XI, 133f.)

Welch ein Verlust also, dass all diese »Splitter« religiöser Reflexionen, Meditationen und Exegesen keine literarische Form gefunden haben, wie wir sie aus seinen Druckwerken kennen. In jedem Fall aber gilt:

> »Kafka ist persönlich religiöser, gläubiger, auch hoffnungsvoller, als seine Werke erkennen lassen. Schon Brod hat immer wieder auf den ›positiven Zug‹ an Kafka hingewiesen, seinen Humor, […] seine ›Ruhe und Heiterkeit‹, ›das Sanfte, Besonnene, niemals Hastige seines Wesens‹, kurz: ›den Einschlag von Welt- und Lebensfreude‹, wie sie auch in den Wiener Tagen mit Milena und, schon schwächer, mit Dora, der Gefährtin des letzten halben Jahres, gegen alle Angst elementar durchbricht.«

So Hans Küng in seiner (mit Walter Jens gehaltenen) Vorlesung an der Universität Tübingen, nachzulesen in ihrem Gemeinschaftswerk »Dichtung und Religion«, 1988 (S. 300). Und von »Dora«, von Kafkas letzter Lebensgefährtin, von Dora Diamant muss jetzt noch die Rede sein – um einer überraschenden Facette in Kafkas Leben willen.

16 Kafka in Palästina?

Jahrelang hatte Kafka sich den politischen Zionismus auf Distanz gehalten – eine grundlegende Differenz zu seinem Freund Max Brod, der noch vor dem Ersten Weltkrieg unter dem Einfluss der Prager Reden Bubers sein Judentum wiederentdeckt und 1916 in einer programmatischen Schrift »Unsere Literatur und die Gemeinschaft« gefordert hatte, die Literatur in den Dienst der jüdischen Gemeinschaft zu stellen, nachzulesen in Brods Autobiografie »Streitbares Leben« (1969). Die Diskussionen mit Brod sind an diesem Punkt kontrovers gewesen. Das dürfte der Hintergrund einer Tagebucheintragung wie dieser sein, und zwar vom 8. Januar 1914: »Was habe ich mit Juden gemeinsam? Ich habe kaum etwas mit mir gemeinsam und sollte mich ganz still, zufrieden damit, dass ich atmen kann, in einen Winkel stellen« (X, 225).

Doch je älter er wird und vor allem je stärker seine Krankheit voranschreitet, desto stärker gerät diese realpolitische Alternative in den Blick: die Option nämlich für ein authentisches Leben als Angehöriger des jüdischen Volkes in einer jüdischen Volksgemeinschaft, ohne dass Kafka wie Brod sein literarisches Schreiben zionistisch instrumentalisiert hätte oder hätte instrumentalisieren wollen. Brod selber wird erst nach dem Einmarsch deutscher Truppen in Prag im März 1939 sein und seiner Frau Leben durch

Flucht nach Palästina retten. Buchstäblich in letzter Minute.

Dabei hat Brod vor und nach Prag ein eigenes großes literarisches und musikalisches Werk geschaffen, bevor er als Nachlassverwalter und früher Biograf Kafkas berühmt werden sollte. Ihm ist es bekanntlich zu verdanken, dass wir Kafkas noch unpubliziertes Werk überhaupt haben, die Tagebücher und Aufzeichnungen, die Fragment gebliebenen Romane und die sonstigen Manuskripte. Kafka hatte an seinen Freund in Form eines schriftlich verfassten »letzten Willens hinsichtlich alles von mir Geschriebenen«, zuletzt am 29. November 1922, den Auftrag hinterlassen, zwar nicht seine »Bücher: Urteil, Heizer, Verwandlung, Strafkolonie, Landarzt und die Erzählung: Hungerkünstler«, wohl aber »alles, was sonst an Geschriebenem von mir vorliegt (in Zeitschriften Gedrucktes, im Manuskript oder in Briefen) [...] ausnahmslos am liebsten ungelesen [...] zu verbrennen und dies möglichst bald zu tun« (BW Kafka – Brod, 421f.). Mit guten Gründen aber hatte sich Brod darüber hinweggesetzt, so aber ungewollt sein eigenes Schicksal mitbesiegelt. Der Freundschaftsdienst an Kafkas Werk führt zur Verschattung des eigenen. Lange Zeit ist das vielfältige Werk von Brod selbst bestenfalls Insidern bekannt, das neben Romanen, Erzählungen und Gedichten auch Biografien, Abhandlungen, Dramen und Libretti umfasst. Das wird heute durch eine neue

Max-Brod-Werkausgabe im Göttinger Wallstein-Verlag ein wenig korrigiert, an der auch ich habe mitarbeiten können.[8]

Am Faktum ist nicht zu zweifeln: Kafka hat in seinem letzten Lebensjahr 1923/24 in der Tat intensiver denn je zuvor daran gedacht, »nach Palästina überzusiedeln, wenn er gesund würde«, so Brod (Über Franz Kafka, 1974, 177). Dabei dürften auch klimatisch-gesundheitliche Überlegungen des schwer Erkrankten eine Rolle gespielt haben. 1923 liegt sogar eine konkrete Einladung nach Palästina vor, auch schon ein Reiseplan, nachdem ihn sein Arbeitgeber, die Prager Arbeiter-Unfall-Versicherungs-Anstalt, aus Krankheitsgründen zum 1. Juli 1922 frühpensioniert hatte. Endlich, nach monatelangen Beurlaubungen und Kuraufenthalten, war doch die Tuberkulose schon im Sommer 1917 ausgebrochen.

Was treibt ihn an? Will er den Schwebezustand des Tanzes auf dem Seil beenden? »Mit den Hinterbeinchen klebten sie noch am Judentum des Vaters und mit den Vorderbeinchen fanden sie keinen neuen Boden«, so hatte er die Lage von Juden in der modernen westlichen Welt beschrieben. Will er jetzt für sich einen »neuen Boden« finden? Die »Käferexistenz« und damit die »schreckliche innere Lage dieser Generationen« in seinem eigenen Fall beenden? Wir wissen es nicht. Wir wissen nur: Kafka hat sich intellektuell durch das Studium einschlägiger Literatur[9] und sprachlich durch Bücher und Unterricht auf eine mögliche Übersiedlung nach Palästina vorbereitet.

Schon von 1914 bis 1917 hatte er Hebräisch zu lernen begonnen, anfangs im Selbststudium mit einem Lehrbuch, dann auch mit Partnern: so 1919 mit dem Rabbinersohn Friedrich Thieberger (1888–1958), 1921 mit dem Schriftsteller Georg Mordechai Langer (1894–1943), der aus einer assimilierten westjüdischen Familie stammte und sich dem Chassidismus angeschlossen hatte; schließlich im Winter 1922/1923 in Prag noch einmal intensiver mit der jungen, schon in Jerusalem aufgewachsenen Studentin Puah Ben-Tovim (1903–1991), die auch das Neuhebräisch (»Iwrith«) beherrschte, das jetzt unter den jüdischen Einwanderern in Palästina gesprochen wird. Ihren Erinnerungen zufolge hat Kafka sie den »ersten hebräisch sprechenden Vogel« genannt, der »aus Palästina gekommen« sei und eine »Vertreterin der Juden, die nicht mehr in Angst vor Pogromen und Demütigungen« würden leben müssen.[10] Etwa 350 Seiten mit hebräischen Aufzeichnungen haben sich in Kafkas Nachlass erhalten. Einzelheiten kann man auch dem Kapitel »Der Hebräischlehrer« in den autobiografischen Aufzeichnungen »Da geht Kafka« (1965) des Prager Schriftstellers Johannes Urzidil (1896–1970) entnehmen.

Was also trieb ihn an? Walter Jens hat in seiner Kafka-Vorlesung einen entscheidenden Punkt getroffen. »Einsamkeit und Isolation« habe dieser Schriftsteller »als *conditio sine qua non* seines Schaffens« verstanden. Das ist das eine. Dann aber: »Und dennoch, zeitlebens, die Sehnsucht nach Eingemeindung und verlässlicher sozialer Verbindung nicht nur im Privaten! Dennoch die verzweifelte Hoffnung, sich mit seinem Volk versöhnen zu können, ein Jude unter Juden zu werden – aufgehend, wie er am Schluss seiner ›jüdischen‹ Geschichte, der Erzählung ›Josephine, die Sängerin‹ sagt, ›in gesteigerter Erlösung‹ des Volkes« (Dichtung und Religion, 1988, 309).

Doch seine fortgeschrittene Erkrankung verhindert die konsequente Umsetzung des Palästina-Plans. Und diese zeitliche Verzögerung setzt eine neue Geschichte aus sich heraus. Denn auch dies ist ein biografisches Faktum: Mitte Juli 1923 fährt Kafka zunächst aus gesundheitlichen Gründen an die Ostsee: in den Bade- und Luftkurort Müritz, wohin auch seine Schwester Elli mit ihren Kindern gefahren war. Hier lernt er die 25-jährige, aus einer orthodoxen Familie im polnischen Pabianice stammende Dora Diamant (1898–1952) kennen, die vor Ort in einer Ferienstätte des Berliner Jüdischen Volksheims als Wirtschafterin und Betreuerin der Kinder arbeitet. Sie sollte in der Tat seine letzte Lebensgefährtin werden, eine Frau, die Kafka bis zu seinem Tod im Lungensanatorium Dr. Hoffmann in Kierling am 3. Juni 1924 ihre ganze Fürsorge angedeihen lässt. Auch sie hatte – gegen den Widerstand ihrer chassidisch-orthodoxen Familie in

Polen – den Traum von Palästina im Kopf, hatte sich mit zionistischen Klassikern wie Theodor Herzl beschäftigt, hatte Iwrith zu lernen begonnen, sich aus der Strenge und Enge der Familie befreit und war 1920 nach Berlin gegangen.[11]

Wie eng und streng das Milieu in der Tat ist, aus dem Dora stammt, zeigt die Tatsache, dass Doras Vater, Herschel Diamant, seine Zustimmung zur Heirat seiner Tochter mit Kafka verweigert. Brod hat als Zeitzeuge auch diese bittere Geschichte im Schatten von Kafkas Tod überliefert (Über Franz Kafka, 1974, 181f.). Ende April 1924, schon in Kierling, hatte Kafka formell Doras Vater im fernen Polen angefragt. Wissend um dessen religiöse Einstellung hatte er für sich geworben: Er sei zwar kein gläubiger Jude nach orthodoxen Maßstäben, jedoch ein Bereuender oder Umkehrender. Doch Herschel Diamant hatte abgelehnt, nachdem er zuvor den Rabbi von Ger konsultiert hatte, Mordechai Alter. Von ihm als »Wunderrabbi« verehrt, ist er für Doras Vater die höchstmögliche Autorität in religiösen Fragen. Ihm hatte er denn auch Kafkas Werbebrief vorgelegt, worauf dieser mit einem kurzen »Nein« reagiert haben muss. Weitere Erklärungen pflegen solche Rabbiner nicht zu geben. Die Absage dürfte etwa am 10. Mai in Kierling eingetroffen sein (so R. Stach, Kafka-Chronik, 573). Drei Wochen hat Kafka noch zu leben.

Eine Geschichte von einer Kälte, die einen frieren macht. Mit Dora Diamant hatte Kafka den Herbst/Winter 1923/24 zunächst in verschiedenen Wohnungen Berlins zugebracht, zwei davon in Steglitz, eine dritte in Zehlendorf. In dieser Zeit muss man unter teilweise bedrückenden finanziellen und politischen Verhältnissen leben. Es herrscht eine schwindelerregende Inflation im Deutschen Reich. Antisemitische Hassausbrüche aus völkisch-nationalistischen Kreisen sind eine ständige Erfahrung. Mit Dora intensiviert Kafka jetzt seine jüdischen Studien wie nie zuvor und besucht an der »Hochschule für die Wissenschaft des Judentums« im Berliner Scheunenviertel zweimal wöchentlich Hebräisch- und Talmudkurse bei Harry Torczyner und Julius Guttmann. Heute heißt der Bau Leo-Baeck-Haus, Tucholskystr. 9, und ist der Sitz des Zentralrates der Juden in Deutschland. Dora ist eine »vorzügliche Hebraistin«, wie sich Brod erinnert (1954, 172), die Kafka aus der Hebräischen Bibel vorzulesen pflegt. Sie wäre *die* Partnerin für Palästina gewesen! Doch Kafkas Krankheit erlaubt ihnen nur noch, mit Gedanken an eine gemeinsame Zukunft in Palästina zu spielen.

Seltsam zu denken freilich, Kafka wäre mit Dora tatsächlich nach Palästina ausgewandert und sie hätten diejenigen Fantasiespiele verwirklichen können, die Max Brod festgehalten hat. Kafka habe, schreibt er, bei einem seiner Besuche in Berlin »einmal ausführlich den Plan« entwickelt, mit Dora gemeinsam, die so vorzüglich koche, einen kleinen Restaurationsbetrieb zu mieten, in dem er sich als Kellner nützlich machen werde« (1954, 177). Und sein Werk? Hätte er in Palästina daran weitergearbeitet? Hätte er die großen Romane vollendet, vollenden wollen, und wie hätte das ausgesehen? »Der Prozess«? »Das Schloss«? »Der Verschollene«, von Brod posthum unter dem Titel »Amerika« publiziert? Oder hätte Kafka in Erez Israel seinem Werk noch einmal eine völlig andere Richtung gegeben? Wir wissen es nicht und denken nicht daran, auch an diesem Punkt alle Ambiguitäten seines hinterlassenen Werkes zu vergessen und ihn wie Brod pauschal als »Zionisten« zu vereinnahmen (Über Franz Kafka, 1974, 270). Wir wissen nur: »Palästina blieb ein Traum, den sein Körper schließlich zunichte machte« (R. Stach, Kafka, 2011, 536).

17 Was heißt es, Kafkas heute zu gedenken?

Über Kafkas Verhältnis zum Judentum zu schreiben heißt nicht nur, den Spuren im Werk nachzugehen, es heißt stets auch, des Terrors des Antisemitismus und dabei der Ermordeten und Vertriebenen aus seinem engsten Kreis zu gedenken. »Kafkas Welt ist zweifellos eine furchtbare Welt«, schreibt Hannah Arendt schon 1948. »Dass sie mehr als ein Albtraum ist, dass sie vielmehr strukturell der Wirklichkeit, die wir zu erleben gezwungen wurden, unheimlich adäquat ist, wissen wir heute vermutlich besser als vor zwanzig Jahren. Das Großartige dieser Kunst liegt darin beschlossen, dass sie heute noch so erschütternd wirken kann wie damals, dass der Schrecken der ›Strafkolonie‹ durch die Realität der Gaskammern nichts an Unmittelbarkeit eingebüßt hat« (Die verlorene Tradition, 2016, 96).

Kafka selber stirbt früh genug, als dass er das Ausmaß der Schrecken des 20. Jahrhunderts noch persönlich hätte erleben können: Stalinismus, Faschismus und Maoismus. Dasselbe gilt für seine Eltern, Julie und Hermann Kafka. Doch alle drei Schwestern werden in den Gaskammern der Nazis ermordet: Elli und Valli in Chelmno, Ottla in Auschwitz. Kafkas Onkel Siegfried Löwy, ein Landarzt, macht seinem Leben angesichts der drohenden Deportation durch Suizid ein

Ende. Ellis Sohn Felix, Kafkas Neffe, stirbt in einem Konzentrationslager in Frankreich. Auch Marie Wenerová, bei den Kafkas jahrzehntelang Haushälterin, wird deportiert, kommt nicht mehr zurück. Von den Frauen, mit denen Kafka intensivere Beziehungen einging, kommen zwei in Konzentrationslagern um: Julie Wohryzek in Auschwitz, Milena Jesenská als politische Gefangene in Ravensbrück.

Und Felice Bauer? Nach der Trennung von Kafka hatte sie 1919 den Berliner Bankprokuristen Moritz Marasse (1873–1950) geheiratet und zwei Kinder zur Welt gebracht. 1931 war sie mit ihrer Familie zunächst in die Schweiz übergesiedelt und dann 1936 in die USA emigriert. Kafkas Briefe nimmt sie mit. Als sie 1956 durch eine Krankheit in Geldnöte gerät, verkauft sie die Dokumente an den jüdischen Verleger Salman Schocken (1877–1959). 1960 stirbt sie in ihrem letzten Wohnort Rye, nördlich von New York, 73 Jahre alt. Kafkas Briefe an sie erscheinen 1967 erstmals in einer deutsch-, 1973 in einer englischsprachigen Ausgabe.

Franz Kafkas Werkes zu gedenken heißt vor allem, sich ohne vorgeprägte Deutungsschablonen der Komplexität und gewollten Vieldeutigkeit des Werkes zu stellen, heißt Kafka zu Wort kommen zu lassen und nicht die persönlichen philosophischen, religiösen oder politischen Vorlieben seiner Interpreten. Die Kafka-Forschung hat lange gebraucht, bis sich diese hermeneutische »Selbstverständlichkeit« auch bei ihr durchgesetzt hat. Dabei bleibe ich mir stets bewusst, dass alle Interpretationen von Kafka-Texten stets hinter der Vieldeutigkeit oder der metaphysischen Tiefe der Dokumente zurückbleiben und dass man in jedem Fall nur Annäherungen erzielen kann. »Dieser Suchende und Verzweifelte« – so noch einmal Hermann Hesse – »der sein eigenes Werk wegwerfen wollte, war als Dichter von einer hohen Potenz, er hat sich seine eigene Sprache, hat sich eine Welt der Symbole und Gleichnisse geschaffen, mit der er bisher Ungesagtes zu sagen vermochte. Wäre auch alles andere nicht, was ihn uns lieb und wichtig macht, so würde sein Künstlertum allein ihn uns lieb und wichtig machen« (SW 20, 53).

Und Kafkas zu gedenken heißt schließlich, sich im Licht seines Werkes mit der Signatur unserer Zeit auseinanderzusetzen. Es ist sein Judentum, wie wir sahen, genauer: es ist Erfahrung mehrfacher Nichtidentität – als Jude in den verschiedenen jüdischen Welten; als Bürger unterschiedlicher Volks- und Sprachgruppen; als Angehöriger einer religiösen Minderheit in einer christlichen Mehrheitsgesellschaft –, die Kafka in unverwechselbaren Geschichten verschlüsselt gedeutet hat. Exemplarisch für das gesamte 20. Jahrhundert, wenn er diese Welt in ihren Undurchschaubarkeiten, Unheimlichkeiten und Abgründigkeiten beschreibt. Entsprechend hat sein Biograf Reiner Stach »die entscheidende Verbindungslinie zwischen Kafka und uns« nicht zufällig so gezogen:

> »In seinen Romanen ist ja der Gipfel der Pyramide unsichtbar, und in der heutigen Gesellschaft weiß man – trotz der scheinbaren Transparenz – auch nicht so genau, wie es in den obersten Instanzen zugeht. Wir wissen nicht, wo das Machtzentrum liegt, wir wissen nicht einmal, ob es ein solches Zentrum überhaupt gibt. Wer entscheidet in letzter Instanz über die Weltmarktpreise von Öl und Lebensmitteln? Welche Personengruppe hat den größten Einfluss auf die Börsenkurse? Man wüsste gern, wie es dort oben zugeht, aber man lernt allenfalls die Zwischenhändler kennen. Das ist genau wie in Kafkas ›Prozess.‹« (Frankfurter Allgemeine Zeitung vom 28. Juni 2008)

Ein besonderer Kafka-Interpret ist Martin Buber. Seines Verhältnisses zu diesem Dichter wollen wir am Ende noch eigens gedenken, stellvertretend für die vielen Kafka-Interpreten seither. Nicht zuletzt um einer unerwarteten Spitze gegen ein Herzstück christlichen Glaubens willen, welche die christliche Theologie bisher kaum wahrgenommen, geschweige denn ernst genommen hat.[12]

18 Martin Buber als Kafka-Leser

Kafka hat Martin Buber 1913 in Prag gehört, wie wir wissen (Kap. 10), und mit ihm hat er einmal bei dessen Zeitschrift »Der Jude« zusammengearbeitet. Buber seinerseits hat Texte von Kafka gelesen, sich aber erstmals 1950 in »Zwei Glaubensweisen« ausführlich öffentlich mit seinem Werk auseinandergesetzt, und zwar in einer religionsvergleichenden Schrift, in der Buber wie nirgends sonst seine Kritik am Christentum aus jüdischer Sicht zusammengefasst und zugespitzt hat (Komm. Text in: MBW Bd. 9, 202–312). Ich habe diese Schrift in meinem Buch »Martin Buber – seine Herausforderung an das Christentum« (2015) im Detail analysiert und kann mich hier auf das für Bubers Kafka-Verständnis Notwendige beschränken.[13] Dabei halte ich mich strikt an die Perspektive Bubers, der Kafka zum Kronzeugen seiner Diagnose der »Gottesfinsternis« macht, ohne die Frage zu diskutieren, ob diese Interpretation Kafkas Werk selber gerecht wird.

Dass Buber schon zu diesem Zeitpunkt Kafkas Werk zur Zeitdiagnose herangezogen hat, ist für die Jahre um 1950 so überraschend nicht. Die Wirkung des Werks hatte nach dem Zweiten Weltkrieg erst richtig eingesetzt, zumal im deutschsprachigen Raum. Im fahlen Licht der Erfahrungen von zwei totalitären Terrorstaaten faschistischer und stalinistischer Couleur gilt Kafka mit seinen Texten vielen als *der* Schriftsteller des 20. Jahrhunderts, der wie kaum ein anderer die noch kommenden Abgründe des Zeitalters in seinen Texten vorausgedeutet hat. Für Buber sind vor allem die beiden Romanfragmente »Der Prozess« und »Das Schloss« von Interesse. Das eine, so wörtlich, »handelt von dem Gericht, dem die Seele untersteht und sich willig unterstellt; aber die Schuld, für die sie gerichtet werden soll, ist unformuliert, die Prozedur labyrinthisch und die Instanzen selber fragwürdig – ohne dass durch all dies die Rechtmäßigkeit der Rechtsprechung beeinträchtigt erschiene« (MBW 9, 306f.).

Und der andere Roman, »Das Schloss«? Er beschreibe, so Buber, eine dem Regiment einer schlampigen Bürokratie ausgelieferte Landschaft als diese unsere Welt. Was zuoberst des Herrschaftsbereichs oder vielmehr oberhalb seiner sei, bleibe im Dunkel. Eine breite Sinnlosigkeit walte uneingeschränkt, jede Nachricht, jede Handlung sei vom Sinnlosen durchtränkt, und doch sei die Rechtmäßigkeit der Herrschaft unanzweifelbar. Der Mensch werde in diese Welt gerufen, berufen, doch wohin auch immer er sich wende, um der Berufung nahezukommen, stoße er »an die dicken Nebelschwaden der Absurdität« (MBW 9, 307). Alles in allem eine Welt also, die einem »Gewirr von Zwischenwesen ausgeliefert« ist. Und, überraschend, findet Buber dafür eine andere Bezeichnung: Diese Welt mit einem »Gewirr von Zwischenwelten« sei »eine paulinische Welt«.

19 Ein »Paulinismus ohne Christus«?

»Eine paulinische Welt«? Dies versteht man nur vom Bild des Apostels Paulus als Jude her, das Buber in »Zwei Glaubensweisen« rekonstruiert und strikt von der Verkündigung Jesu unterscheidet. Der Grundgedanke bei Buber lautet: Während in der Verkündigung Jesu – noch gut jüdisch – der Mensch sich beispielsweise im »Vater unser«-Gebet unmittelbar an Gott wenden und um Vergebung bitten kann, ist in der Theologie des Apostels Paulus der Mensch mit der dämonischen Zornesmacht Gott konfrontiert (vgl. Röm 1 und 2) und zwar durch ein Verständnis des göttlichen Gesetzes, bei dem ein Mensch nur versagen könne. Damit aber ist man eines erlösenden Christus umso bedürftiger.

Gott also ist für Paulus so fern, dass es dieses Zwischenwesen »Christus«, diesen Mittler braucht, um Menschen aus diesem ihrem Verhängnis zu erlösen. Buber wörtlich: »Es ist, als sei, seit Jesus den Jüngern jene Unterweisung [das »Vater unser«] gab, um die Deitas [Gottheit] eine Mauer errichtet worden, in die nur die eine Tür [Christus] gebrochen ist; wem sie sich öffnet, schaut den Gott der Gnade, der die Welt erlöst hat; wer ihr fernbleibt, ist den Satansengeln preisgegeben, denen der Gott des Zorns den Menschen überantwortet hat« (MBW 9, 304). Welt und Mensch also sind für Paulus (so Bubers Rekonstruktion) »Satansmächten« ausgesetzt, aus denen sie nur durch den Christus befreit werden können.

Mehr noch: Im 16. Kapitel von »Zwei Glaubensweisen« geht Buber so weit, die »Zeitalter der christlichen Geschichte« nach dem Maß der »Vorherrschaft des Paulinismus« einzuteilen (MBW 9, 304). Und unser Zeitalter sei ein »paulinisches« in besonderem Grade, meint er, da die »paulinische Sicht« sich »nunmehr auch mancher außerchristlicher Kreise« bemächtigt habe: »Es gibt einen Paulinismus des Unerlösten, einen also, in dem der feste Ort der Gnade eliminiert ist: man erfährt die Welt, wie sie Paulus erfuhr, als in die Hände unabwendbarer Gewalten gegeben, nur der manifeste Erlösungswille von oben, nur Christus fehlt« (ebd.). Was genau ist damit gemeint?

»Paulinisch sind jene Zeitalter«, so Buber, »in denen die Widersprüche des menschlichen Lebens, insbesondere des menschlichen Zusammenlebens, sich so übersteigern, dass sie im Daseinsbewusstsein der Menschen in wachsendem Maße den Charakter des Verhängnisses annehmen. Da erscheint dann das Gotteslicht verfinstert, und die erlöste Christenseele nimmt dann, wie es die unerlöste Judenseele pausenlos getan hat, die noch unerlöste Konkretheit der Menschenwelt in all ihren Schrecken wahr. Wohl ringt dann der echte Christ, wie wir es ja auch von Paulus wissen, um eine gerechtere Ordnung seiner Gemeinschaft, aber den undurchdringlichen Kern des Widerspruchs versteht er im Blick auf das drohende Zorngewölk und klammert sich mit paulinischer Gewalt an die Gnadenfülle des Mittlers« (MBW 9, 307f.). Und in »außerchristlichen Kreisen«?

20 Kafka und die Krise der Gottesfinsternis

Jetzt kommt bei Buber das Werk von Kafka ins Spiel, Romane wie »Der Prozess« oder »Das Schloss«. Denn diese spiegeln in Bubers Lesart einen »Paulinismus des Unerlösten«, eine Welt ohne Gnade, ohne Erlöser, einen »Paulinismus ohne Christus« und damit, um im Wortspiel zu bleiben, einen »Paulinismus gegen Paulus«, der ja noch mit Jesus Christus einen Erlöser in dieser unerlösten Welt am Werk sehen konnte. Zur geschichtlichen Mitverantwortung des Christentums aber gehört, dass es diese Welterfahrung »Paulinismus« überhaupt hat geben können. Sie hat sich heute vielfach gegen Paulus selbst gewandt, als Welt ohne Christus, als Welt ohne Gott. Denn heute, so Buber, haben wir es mit einer Welt nicht nur der Gottesferne, sondern der »Gottesfinsternis« zu tun. Unter diesem Titel wird Buber dann auch 1953 eine eigene Schrift zur religiösen Deutung der Zeit veröffentlichen.

Die Gottesfinsternis aber habe, fährt Buber fort, auch das jüdische Glaubensverständnis in eine radikale Krise geführt, schließlich sei auch Kafka ein Jude gewesen. Entsprechend könnte »ein leichtfertiger Christ« leicht mit Kafka fertig werden, »indem er ihn einfach als den unerlösten, weil nicht nach der Erlösung [durch Christus] verlangenden behandelt« (MBW 9, 308). Könnte! Kafka selber aber, entgegnet

Buber, wäre von einer solchen Behandlung »unbetroffen geblieben«. Warum? Weil ein Jude, so Buber, »sofern er nicht vom Ursprung getrennt« sei, auch noch der exponierteste Jude, also Kafka, »geborgen« (ebd.) sei. Zwar nicht mehr »im Versteck deiner Flügel« (Psalm 61,50), denn der Zeit, in der er lebe, und mit ihr ihm, »ihrem exponiertesten Sohn«, verberge sich Gott. Doch »in der Tatsache des Nurverborgenseins Gottes«, um die er wisse, sei er »geborgen« (ebd.). Buber also hat sichtlich ein Interesse daran, Kafkas Werk, insbesondere seine genannten Romane – denen er vorher attestiert hatte, in ihnen walte eine »breite Sinnlosigkeit uneingeschränkt«, Menschen stießen »an die dicken Nebelschwaden der Absurdität« und Gott sei »in die undurchdringliche Finsternis entrückt« – vom Nihilismus-Verdacht zu befreien.

Denn ein Jude, meint Buber, verpflichtet einem radikalen Gottvertrauen, könne besser als etwa der Christ mit der Krise der Gottesfinsternis umgehen. Warum? Es gebe ein »Geborgensein des Juden in der Finsternis« (MBW 9, 308). Das »unausgesprochene, stets gegenwärtige Thema« eines Juden sei ja – in Kafka'scher Bildersprache – »die Entrücktheit des Richters, die Entrücktheit des Schlossherrn, die Verborgenheit, die Verfinsterung, die Finsternis«. So sei »das Geborgensein des Juden in der Finsternis – ein von dem Christen wesenhaft verschiedenes – beschaffen« (MBW 9, 308f.). Denn »von drüben her, von dem Himmelsdunkel her«, komme, »ohne alles Aussehn der Unmittelbarkeit, ins Herz wirkend der dunkle Strahl«. Und dann zitiert Buber einen der Aphorismen Kafkas, die auch wir kennengelernt haben:

> »Wir wurden geschaffen, um im Paradies zu leben, das Paradies war bestimmt, uns zu dienen. Unsere Bestimmung ist geändert worden; dass dies auch mit der Bestimmung des Paradieses geschehen wäre, wird nicht gesagt.«

Und Buber fährt fort:

> »So leise und scheu äußert [sich] der Antipaulinismus aus dem Herzen dieses paulinischen Schilderers der Vordergrundhölle: das Paradies ist noch da, und es wirkt uns zum Dienst. Es ist da, das heißt, es ist auch hier, wo der dunkle Strahl das gepeinigte Herz trifft. Sind die Unerlösten erlösungsbedürftig? Sie leiden an der Unerlöstheit der Welt … Die unerlöste Seele weigert sich, die Evidenz der unerlösten Welt, an der sie leidet, gegen die eigne Erlösung herzugeben. Sie kann sich weigern, denn sie ist geborgen« (MBW 9, 309).

Abschließend folgert Buber daraus und schließt damit das 16. Kapitel von »Zwei Glaubensweisen« ab:

> »Dies ist das Gesicht des in dieser Zeit der größten Verborgenheit Gottes ins Judentum eingedrungenen Paulinismus ohne Christus, eines Paulinismus also gegen Paulus. Düsterer als je vorher wird der Weltlauf gezeichnet, und doch wird erneut, mit einem noch vertieften ›Trotz alledem‹, ganz leise und scheu, aber unzweideutig, die Emuna verkündigt [Bubers hebräisches Schlüsselwort für radikales Gottvertrauen]. Sie ist hier, inmitten des paulinischen Bereichs, an die Stelle der Pistis getreten [Bubers griechisches Schlüsselwort für Glaubensinhalte]. In all seiner Zurückhaltung bekennt doch der in der verfinsterten Welt umherirrende Spätling mit jenen deuterojesajanischen Sendboten der leidenden Völkerwelt (Jesaja 45,15): ›Wohl, du bist ein Gott, der sich verbirgt, Gott Israels, Heiland!‹ So muss in einer Stunde der Gottesfinsternis die Emuna sich wandeln, um an Gott zu beharren, ohne die Wirklichkeit zu verleugnen. Dass er sich verbirgt, verkürzt die Unmittelbarkeit nicht; in der Unmittelbarkeit bleibt er der Heiland, und der Wider-

> spruch des Daseins wird uns zur Theophanie.« (MBW 9, 309)

Wir merken uns dieses paradoxe und zugleich luzide Wort Bubers über Kafka: »So leise und scheu äußert [sich] der Antipaulinismus aus dem Herzen dieses paulinischen Schilderers der Vordergrundhölle: das Paradies ist noch da, und es wirkt uns zum Dienst.«

21 Kafkas Lachen: Momentaufnahmen

Kafka war nicht nur persönlich »gläubiger«, als sein literarisches Werk erkennen lässt, er war auch im privaten Umgang heiterer, witziger, humorvoller als es den Anschein hat, wenn man Teile seines Werks mit seinem Leben identifiziert. Diesen Fehler mancher Interpreten musste schon Max Brod korrigieren. Ihm ist viele Jahre später der unermüdliche Kafka-Biograf Klaus Wagenbach gefolgt. 2018 hat er geradezu demonstrativ Texte Kafkas unter dem Titel zusammengestellt: »Ein Käfig ging einen Vogel suchen. Komisches und Groteskes«. »Mein Herz gehört dem kritischen Beobachter«, schreibt er in seiner »Vorbemerkung«, »der einen Sinn für die tiefere Komik der Dinge hat. Diese Komik steht im Hintergrund vieler seiner Texte, und wer sich vom Mythos des dunklen Kafka nicht bange machen lässt, wird den irdisch-heiteren entdecken« (S. 12).

Ist das Zeugnis von Max Brod zuverlässig, hat sich zum Beispiel Folgendes abgespielt:

> »Wenn Kafka selbst vorlas, wurde der Humor besonders deutlich. So zum Beispiel lachten wir Freunde ganz unbändig, als er uns das erste Kapitel des ›Prozeß‹ zu Gehör brachte. Und er selbst lachte so sehr, dass er weilchenweise nicht weiterlesen konnte. –

> Erstaunlich genug, wenn man den fürchterlichen Ernst dieses Kapitels bedenkt. Aber es war so.
>
> Gewiß, es war kein durchaus gutes, behagliches Lachen. Aber eine Komponente guten Lachens war mit dabei, – neben den hundert Komponenten der Unheimlichkeit, die ich nicht verkleinern will. Ich weise nur auch auf das hin, was man sonst bei Betrachtung Kafkas leicht vergisst: den Einschlag von Welt- und Lebensfreude.« (Über Franz Kafka, 1974, 156f.)

»Kein behagliches Lachen« bei Kafka, kein Lachen, das das Abgründige und Unheimliche überspielen oder weglachen könnte. Für dieses eigentümliche Kafka-Lachen gibt es in seinen autobiografischen Texten keine brillantere Szene als die, die man in den Briefen an Felice Bauer finden kann.

Im September 1912, genau in der Nacht vom 22. auf den 23. September, hat Kafka, wie wir wissen (Kap. 4), seinen entscheidenden Durchbruch als Schriftsteller erlebt, als es ihm gelingt, seine Erzählung »Das Urteil« in einem Zuge niederzuschreiben. Seit August desselben Jahres hatte er in Verbindung mit Felice Bauer gestanden. Vier Monate nach dem literarischen »Ereignis«, am 8./9. Januar 1913, schreibt er ihr einen

Brief, in dem er sich – fast beschwörend – als ein Mensch vorstellt, der »auch lachen« könne. Ja, er sei sogar »als großer Lacher bekannt«, betont er ausdrücklich, und als Beweis erzählt Kafka die Geschichte von einer Begebenheit in seiner Versicherungsanstalt, die zwar schon zwei Jahre zurückliegt, im Haus aber legendäre Züge angenommen hat.

Was war passiert? Für eine Beförderung war Kafka mit zwei anderen Kollegen vor den Präsidenten der Anstalt zitiert worden, eine Situation, die wahrhaftig Würde und Ernst verlangt, gleicht doch die Zusammenkunft mit dem Präsidenten – so Kafka ironisch – in den Augen des »normalen Beamten« der »Zusammenkunft mit dem Kaiser«. Wir befinden uns – nota bene – 1912 noch in der k. u. k. Monarchie, Böhmen ist noch bei Österreich, und noch regiert der alte Kaiser Franz Joseph.

Doch irgendetwas muss Kafka an dieser Situation komisch berührt haben. Vielleicht war es die »urkomische Stellung« dieses vor ihm gravitätisch aufgebauten Amts- und Würdenträgers. Vielleicht war es auch nur eine »unbeherrschbare Laune«. Wie auch immer: Kafka bekommt, ohne dass er das will oder noch aufhalten könnte, mit Unterbrechungen auf einmal »kleine Lachanfälle«, die er aber durch künstliches Husten gerade noch verdecken kann. Auch der Präsident merkt noch nichts, und das Ritual geht seinen Gang.

Erst als der Präsident selber seine Rede beginnt, eine »übliche, längst vorher bekannte, kaiserlich-schematische, von schweren Brusttönen begleitete, ganz und gar sinnlose und unbegründete Rede«, da kann sich der Angestellte Kafka nicht mehr länger halten. Das Lachen bricht aus ihm heraus und reißt wie ein Strom alles mit sich:

> »Zuerst lachte ich nur zu den hier und da eingestreuten zarten Späßchen des Präsidenten; während es aber Gesetz ist, dass man zu solchen Späßchen nur gerade in Respekt das Gesicht verzieht, lachte ich schon aus vollem Halse. Ich sah, wie meine Kollegen aus Furcht vor Ansteckungen erschraken, ich hatte mit ihnen mehr Mitleid als mit mir, aber ich konnte mir nicht helfen, dabei suchte ich mich nicht etwa abzuwenden oder die Hand vorzuhalten, sondern starrte immerzu dem Präsidenten in meiner Hilflosigkeit ins Gesicht, unfähig, das Gesicht wegzuwenden, wahrscheinlich in einer gefühlsmäßigen Annahme, dass nichts besser, alles nur schlechter werden könne und dass es daher am besten sei, jede Veränderung zu vermeiden. Natürlich lachte ich dann, da ich nun schon einmal im Gange war, nicht mehr bloß über die gegenwärtigen Späßchen, sondern auch

> über die vergangenen, zukünftigen und über alle zusammen, und kein Mensch wusste mehr, worüber ich eigentlich lache.« (Briefe an Felice, 238)

Doch Kafka hat Glück: Die Reaktion der kleinen Festversammlung auf diesen Lachanfall ist zunächst nur »allgemeine Verlegenheit«, nicht mehr, zumal sich der Präsident ohnehin nicht vorstellen kann, dass er selber Auslöser und Objekt eines solchen Lachens gewesen sein könne.

Doch das Unglück will es, dass nun ein Kollege Kafkas das Wort ergreift, um auf eine Äußerung des Präsidenten zu reagieren, ohne zu merken, dass dies der unpassendste Augenblick ist, und zwar sowohl für den Präsidenten (dem das alles »zum Tode« gleichgültig ist) wie für den Kollegen Kafka, dem nun vollends alle Lachsicherungen durchbrennen:

> »Als er also jetzt mit schwingenden Handbewegungen etwas (schon im allgemeinen und hier insbesondere) Läppisches daherredete, wurde es mir zu viel, die Welt, die ich bisher immerhin im Schein vor den Augen gehabt hatte, verging mir völlig und ich stimmte ein so lautes, rücksichtsloses Lachen an, wie es vielleicht in dieser Herzlichkeit nur Volksschülern in ihren Schulbänken gegeben ist.

> Alles verstummte und nun war ich endlich mit meinem Lachen anerkannter Mittelpunkt. Dabei schlotterten mir natürlich vor Angst die Knie, während ich lachte, und meine Kollegen konnten nun ihrerseits nach Belieben mitlachen, die Grässlichkeit meines so lange vorbereiteten und geübten Lachens erreichten sie ja doch nicht und blieben vergleichsweise unbemerkt. Mit der rechten Hand meine Brust schlagend, zum Teil im Bewusstsein meiner Sünde (in Erinnerung an den Versöhnungstag), zum Teil, um das viele verhaltene Lachen aus der Brust herauszutreiben, brachte ich viele Entschuldigungen für mein Lachen vor, die vielleicht alle sehr überzeugend wären, aber infolge neuen, immer dazwischenfahrenden Lachens gänzlich unverstanden blieben.« (S. 239f.)

Nun aber ist auch der Präsident »beirrt«, und Kafka muss das Schlimmste befürchten. Aber mit der Präsidenten eigenen Fähigkeit, Konflikte zu überspielen oder abzubiegen, findet dieser irgendeine Floskel und komplimentiert die Herren nach draußen. Kafka selber verabschiedet sich in seinem Brief an Felice aus dieser Szene mit den Worten: »Unbesiegt, mit großem Lachen, aber todunglücklich stolperte ich als erster aus dem Saal« (ebd.).

Kafkas Lachen? Das ist ein unverwechselbares Lachen, in dem scheinbar Widersprüchliches und völlig Disparates zu einer paradoxen Synthese zusammengezogen ist.

Denn Kafka erlebt ja *erstens* das Lachen als eine ekstatische Macht, über die er keine Kontrolle mehr hat, als Einfallstor des Irrationalen, geradezu Dämonischen, das sich trotz aller Selbstzüchtigung der Steuerung und Beherrschung entzieht. Präzise wird von Kafka beschrieben, wie das Lachen über den praktischen Anlass hinausgeht und buchstäblich die Zeiten ein- und »alles« mitreißt.

Kafka erlebt und beschreibt *zweitens* das Lachen als destabilisierende soziale Rollengefährdung. Sein »lautes, rücksichtsloses« Lachen im Angesicht des obersten Vorgesetzten droht die eingespielte soziale Rolle zu zerstören, das hierarchische Gefälle infrage zu stellen und damit die berufliche Existenz seiner selbst und der Kollegen aufs Spiel zu setzen. Luzide wird von Kafka die »Furcht« der Kollegen vor Ansteckung erwähnt und das eigene Mitleid, das man mit denen bekommt, die mit in den Strudel des Lachens gerissen zu werden drohen. Luzide werden auch die Selbstzüchtigungen und Demutsgesten beschrieben (Brustschlagen), die Entschuldigungen für so große Impertinenz. Doch vergeblich. Der Autoexorzismus an den Lach-Dämonen in der eigenen Brust will nicht gelingen.

Kafka erlebt sein Lachen *drittens* als Auslöser von Angst, Grässlichkeit und Unglück. Von einem freudigen, fröhlichen, beglückenden, behaglichen Lachen in dieser Szene längst keine Spur mehr. Kafkas Lachen geht zusammen mit schlotternden Knien, mit Zittern vor der Entdeckung, mit schmerzhafter Unterdrückung, mit Peinlichkeit im wörtlichen Sinn. Kafkas Lachen ist ein Lachen, bei dem man sich in Schmerzen winden kann. Der Lachende wird fast zu einem Besessenen, der erst im Nachhinein erschrocken reflektieren kann, wohin das Lachen ihn getrieben hat oder zu treiben droht. Kurz: Selbst einem scheinbar harmlosen menschlichen Phänomen wie dem Lachen kann dieser Schriftsteller etwas Zwiespältiges, Abgründiges, ja Unheimliches abgewinnen.

Ob Felice diese Gestalt des Lachens bei ihrem Vertrauten beruhigt oder im Gegenteil ob seiner Unheimlichkeit verängstigt hat? Ihr Freund jedenfalls hatte damit Vertrauen zwischen ihnen stiften wollen. Er habe ja ihretwegen diese seine Lachepisode beschrieben, betont er am Schluss dieser Szene noch einmal ausdrücklich. Er habe damals nur gelacht, »um Dir später einmal beweisen zu können, dass ich lachen kann« (S. 240).

Anmerkungen

1 *Hans-Gerd Koch – Klaus Wagenbach (Hg.),* Kafkas Fabriken, Marbach 2002 (Marbacher Magazin 100/2002), 5. Hier Einzelheiten mit zahlreichen Dokumenten und Abbildungen. Für meine Darstellung in dieser »Würdigung« erwies sich als höchst informativ auf knappem Raum: *Andreas B. Kilcher,* Franz Kafka. Leben – Werk – Wirkung, Frankfurt a. M. 2008, bes. Kap. Wirkung mit Hinweisen auf die Kafka-Deutungen von Walter Benjamin, Gershom Scholem, Theodor W. Adorno, Hannah Arendt, Margarete Susman.

2 *Vladimir Nabokov,* Franz Kafka »Die Verwandlung« (1915), in: ders., Vorlesungen über westeuropäische Literatur, hg. v. Fredson Bowers u. Dieter E. Zimmer, Hamburg 2014, 477–538, Zitat S. 538.

3 Zum Problem der Assimilation Einzelheiten bei: *Karl-Josef Kuschel,* »Unser Geist ist Weltgeist«. Stephan Zweig und das Drama des jüdischen Weltbürgertums, Ostfildern 2024, Kap. III.

4 Milena Jesenská und die Schwiegertochter von Martin Buber, Margarete Buber-Neumann, wurden 1940 zur gleichen Zeit im KZ Ravensbrück gefangen gehalten, wo Milena am 17. Mai 1944 starb. Im Geist der Freundschaft und zur Bewahrung des Vermächtnisses von Milena ist dann das Buch geschrieben: *Margarete Buber-Neumann,* Milena. Kafkas Freundin, München-Wien 1977, 3. Aufl. 1986.

5 Einzelheiten bei: *Karl-Josef Kuschel,* »Unser Geist ist Weltgeist«. Stephan Zweig und das Drama eines jüdischen Weltbürgertums, Ostfildern 2024, Kap. I.

6 Einzelheiten bei *Andreas B. Kilcher,* Kafka und das Judentum, in: Kafka-Handbuch, 2008, 198–200.

7 Ein Schlüsselerlebnis ist hier die Begegnung Kafkas mit Repräsentanten des Chassidismus im Juli 1916 in Marienbad. In einem Brief an Max Brod von Mitte Juli (Briefe 1902–1924, 141–146) schildert Kafka, mehr befremdet als fasziniert, ausführlich die Rolle eines prominenten Kurgastes: von Issachar Dow Ber Rokeach, dem Rabbi von Belz, »eine der einflussreichsten Figuren des Chassidismus, zugleich eine der kompromisslosesten«, der auch der Lehrer des ju-

gendlichen Konvertiten Georg Langer ist (R. Stach, Kafka, 2008, 124). Mit Reiner Stach wird man wohl die distanzierte Sicht Kafkas so umschreiben können: »Lebten die Chassidim an der Quelle des jüdischen Geistes, der jüdischen Volkskultur? Das war selbst unter Kulturzionisten und Verfechtern der jüdischen Nation umstritten. Man bestaunte die Radikalität … Tora und Kabbala nahmen sie wörtlich, sie lebten, was die anderen nur tradierten. Doch längst hatte auch den Chassidismus das Schicksal ereilt, das jede auf Dauer gestellte Ekstase unvermeidlich korrumpiert: Er hatte sich von einer mystischen Erweckungsbewegung zu einem starren Kultus entwickelt, der seine Anhänger in offenkundiger Abhängigkeit und Unwissenheit hielt. Buber hatte noch versucht, die despotische Herrschaft des Zaddik von einem ursprünglichen, sozial unschuldigen Chassidismus zu unterscheiden, doch diese Deutung klang allzu sehr nach Ehrenrettung und war denn auch bei näherem Hinsehen historisch unhaltbar« (ebd., 126). Eine ähnlich kritische Betrachtung der »Wirklichkeit der Ostjuden« aus Kafkas Sicht bei: *B. Witte,* Jüdische Tradition und literarische Moderne, 2007, 193–197.

8 Zur Neuausgabe von Brods Jesus-Roman »Der Meister« (1952) im Wallstein-Verlag habe ich ein umfangreiches Nachwort geschrieben: *Karl-Josef Kuschel,* in: Brod, Der Meister. Roman, Göttingen 2015, S. 533–569.

9 Einzelheiten bei: *Andreas B. Kilcher,* Kafka und das Judentum, in: Kafka-Handbuch, 2008, S. 204–207.

10 *Puah Menczel-Ben-Tovim,* Ich war Kafkas Hebräischlehrerin, in: »Als Kafka mir entgegenkam …«. Erinnerungen an Franz Kafka, hg. von Hans-Gerd Koch, Berlin 1995, 165–167, Zitat S. 178. Puah Ben-Tovim wurde in Jerusalem als Tochter russischer Einwanderer geboren. Im Herbst 1921 kommt sie auf Empfehlung Hugo Bergmanns, eines Klassenkameraden Kafkas, nach Prag, um zu studieren. Bergmann leitet zu dieser Zeit die Hebräische Nationalbibliothek in Jerusalem. Im Winter 1922/23 nimmt Kafka privaten Hebräisch-Unterricht bei ihr.

11 Zu Dora Diamant: *Kathi Diamant*, Dora Diamant. Kafkas letzte Liebe. Aus dem Amerikanischen von Wiebke Mönning u. Christoph Moors. Mit einem Vorwort von Reiner Stach und Aufzeichnungen von Dora Diamant, Düsseldorf 2013. Siehe ebenso: Dora Diamant, Mein Leben mit Franz Kafka, in: »Als Kafka mir entgegenkam ...«. Erinnerungen an Franz Kafka, hg. v. Hans-Gerd Koch, Berlin 2. Aufl. 2013, 194–205.

12 Einzelheiten dazu in meinem Buch *Karl-Josef Kuschel*, Martin Buber – seine Herausforderung an das Christentum, Gütersloh 2015, Kap. XI.

13 Weitere Auseinandersetzung Bubers mit Kafka: Schuld und Schuldgefühle, in: Merkur 11 (1957) H. 8. Auch in: Werke Bd. I (Schriften zur Philosophie), München 1962, 494–502. Hier besonders eine Kritik des Romanfragments »Der Prozess«.

Herangezogene Literatur

(Angaben jeweils in chronologischer Reihenfolge)
Die Zitate von Franz Kafka wurden behutsam der aktuellen Rechtschreibung angeglichen.

I. Ausgaben

1. Texte werden zitiert und belegt nach

Franz Kafka, Gesammelte Werke in 12 Bänden. Nach der kritischen Ausgabe hg. v. Hans-Gerd Koch, Frankfurt a. M. 1994 (zitiert mit römischer Bandzahl und Seitenangabe).

2. Briefe

Briefe 1902–1924, hg. v. Max Brod, TB-Ausgabe Frankfurt a. M. 1975.

Briefe an Felice und andere Korrespondenz aus der Verlobungszeit, hg. v. Erich Heller u. Jürgen Born, TB- Ausgabe Frankfurt a. M. 1976.

Briefe an Ottla und die Familie, hg. v. Hartmut Binder u. Klaus Wagenbach, New York 1974, TB-Ausgabe Frankfurt a. M. 1981.

Briefe an Milena. Erweiterte Neuausgabe, hg. v. Jürgen Born u. Michael Müller, Frankfurt a. M. 1986.

Franz Kafka – Max Brod: Eine Freundschaft. Briefwechsel, hg. v. Malcolm Pasley, Frankfurt a. M. 1989.

Milena Jesenská, »Ich hätte zu antworten tage- und nächtelang«. Die Briefe von Milena, hg. von Alena Wagnerová, Mannheim 1996.

II. Sekundärliteratur

1. Zu Leben und Wirkung

Elias Canetti, Der andere Prozeß. Kafkas Briefe an Felice, München 1969.

Hartmut Binder – Jan Parik, Kafka. Ein Leben in Prag. Erw. u. verb. Auflage Essen-München 1993.

Hartmut Binder, Kafka in Paris. Historische Spaziergänge mit alten Photographien, München 1999.

Margarete Buber-Neumann, Milena. Kafkas Freundin, München-Wien 1977, 3. Aufl. 1986.

Hans-Gerd Koch – Klaus Wagenbach (Hg.), Kafkas Fabriken, Marbach 2002 (Marbacher Magazin 100/2002).

Hans-Gerd Koch (Hg.), »Als mir Kafka entgegen kam …«. Erinnerungen an Franz Kafka. Erw. Neuausgabe, Berlin 2005.

Reiner Stach, Kafka. Die Jahre der Entscheidungen, Frankfurt a. M. 2002;

–, Kafka. Die Jahre der Erkenntnis, Frankfurt a. M. 2008.

–, Kafka. Die frühen Jahre, Frankfurt a. M. 2014.

–, Kafka von Tag zu Tag. Dokumentation aller Briefe, Tagebücher und Ereignisse, Frankfurt a. M. 2018 (zit. als Kafka-Chronik plus Seite).

Andreas B. Kilcher, Franz Kafka, Frankfurt a. M. 2008 (Suhrkamp Basis-Biographie 28).

Alois Prinz, »Sie ist ein lebendiges Feuer«. Das Leben der Milena Jesenská, Weinheim 2016.

2. Zur Forschungsgeschichte

Hartmut Binder (Hg.), Kafka-Handbuch in 2 Bänden, Stuttgart 1979.

Bert Nagel, Kafka und die Weltliteratur. Zusammenhänge und Nachwirkungen, München 1983.

Bettina von Jagow – Oliver Jahraus (Hg.), Kafka Handbuch. Leben – Werk – Wirkung, Göttingen 2008.

Manfred Engel – Bernd Auerochs (Hg.), Kafka-Handbuch. Leben – Werk – Wirkung, Stuttgart-Weimar 2010.

3. Zum Werk (Schwerpunkt Künstlertum und Judentum)

Margarete Susman, Das Hiob-Problem bei Franz Kafka, in: Der Morgen 1 (1929), 31–49.

Hermann Hesse, Eine Kafka-Gesamtausgabe (1935), in: Sämtliche Werke, hg. v. Volker Michels, Bd. 20, Frankfurt a. M. 2005, 46–48; siehe auch 51–53.

Hannah Arendt, Franz Kafka (1948), in: dies., Die verborgene Tradition. Acht Essays, Frankfurt a. M. 4. Aufl. 2016, 88–107.

Martin Buber, Zwei Glaubensweisen (1950). in: Martin Buber Werkausgabe Bd. 9 (Schriften zum Christentum), hg. v. Karl-Josef Kuschel, Gütersloh 2011, 202–312. Abgek. zitiert mit MBW plus Band plus Seite.

Theodor W. Adorno, Aufzeichnungen zu Kafka (1953), aus: Prismen (1969), in: Gesammelte Schriften, hg. v. Rolf Tiedemann u. a., Bd. 10.1 (Kulturkritik und Gesellschaft I), Darmstadt 1998, 254–287.

Max Brod, Über Franz Kafka. Franz Kafka. Eine Biographie. Franz Kafkas Glauben und Lehre. Verzweiflung und Erlösung im Werk von Franz Kafka, TB-Ausgabe Frankfurt a. M. 1974.

Walter Jens – Hans Küng, Dichtung und Religion, München 1985, Zu Kafka: 286–324.

Hans Dieter Zimmermann, Der babylonische Dolmetscher. Zu Franz Kafka und Robert Walser, Frankfurt a. M. 1985 (Edition Suhrkamp NF 316).

–, Die endlose Suche nach Sinn. Kafka und die jiddische Moderne, in: ders. (Hg.), Nach erneuter Lektüre. Franz Kafkas »Der Prozess«, Würzburg 1992, 211–222.

Julius H. Schoeps (Hg.), Im Streit um Kafka und das Judentum. Max Brod – Hans Joachim Schoeps, Briefwechsel, Königstein/Ts. 1985.

Karl Erich Grözinger – Stéphane Mosès – H. D. Zimmermann (Hg.), Kafka und das Judentum. Frankfurt a. M. 1987.

Giuliano Baioni, Kafka – Literatur und Judentum, Stuttgart 1994.

Heribert Kuhn, Franz Kafka, Der Prozess. Text und Kommentar, Frankfurt a. M. 2000 (Suhrkamp BasisBibliothek 18).

Andreas B. Kilcher, Art. Franz Kafka, in: Metzler Lexikon der deutsch-jüdischen Literatur, hg. v. A. B. Kilcher, Stuttgart 2000, 278–283.

–, Kafka und das Judentum, in: Kafka-Handbuch. Leben – Werk – Wirkung, hg. v. Bettina von Jagow u. Oliver Jahraus, Göttingen 2008, 194–211.

Bertram Rohde, »und blätterte ein wenig in der Bibel«. Studien zu Franz Kafkas Bibellektüre und ihren Auswirkungen auf sein Werk, Würzburg 2002.

Peter Höfle, Franz Kafka. Das Urteil und andere Erzählungen. Text und Kommentar, Frankfurt a. M. 2003 (Suhrkamp BasisBibliothek 36).

–, Franz Kafka: Brief an den Vater. Text und Kommentar. Frankfurt a. M. 2008, 2. Aufl. 2023 (Suhrkamp BasisBibliothek 91).

Ekkehard W. Haring, Auf dieses Messers Schneide leben wir … Das Spätwerk Frank Kafkas im Kontext jüdischen Schreibens, Wien 2004.

Hyuck Zoon Kwon, Der Sündenfallmythos bei Franz Kafka. Der biblische Sündenfallmythos in Kafkas Denken und dessen Gestaltung in seinem Werk, Würzburg 2006.

Bernd Neumann, Franz Kafka: Aporien der Assimilation. Eine Rekonstruktion seines Romanwerks, München 2007.

Bernd Witte, Jüdische Tradition und literarische Moderne. Heine, Buber, Kafka, Benjamin, München 2007.

Mark H. Gelber, Kafka und zionistische Deutungen, in: Kafka-Handbuch, hg. v. Bettina von Jagow u. Oliver Jahraus, Göttingen 2008, 293–303.

Manfred Voigts, Geburt und Teufelsdienst. Franz Kafka als Schriftsteller und Jude, Würzburg 2008.

Klaus Wagenbach (Hg.), Franz Kafka. Ein Käfig ging einen Vogel suchen. Komisches und Groteskes, Berlin 2018.

4. Eigene Arbeiten zum Judentum

Gottes grausamer Spaß? Heinrich Heines Leben mit der Katastrophe, Düsseldorf 2002. Gekürzte Neuausgabe: Der Kampf mit Gott: Heinrich Heine, Düsseldorf 2009.

Theodor Heuss, die Schoah, das Judentum, Israel. Ein Versuch, Tübingen 2013. Neuausgabe: »Antisemitismus und deutsche Demokratie. Theodor Heuss und seine »Feldzüge gegen das Vergessen«, Ostfildern 2019.

Martin Buber – seine Herausforderung an das Christentum, Gütersloh 2015.

Nachwort Karl-Josef Kuschel, in: Max Brod, »Der Meister. Roman« (1952), Neuausgabe Göttingen 2015, 533–569.

Magische Orte. Ein Leben mit der Literatur, Ostfildern 2022. Kap. XII: In Jerusalem: Gespräche um Franz Kafka, Max Brod, Else Lasker-Schüler, Elazar Benyoëtz und Paul Celan.

»Unser Geist ist Weltgeist«. Stefan Zweig und das Drama eines jüdischen Weltbürgertums, Ostfildern 2024.

Personenregister

Ein Wort des Dankes

Dankbar sei vermerkt, dass der Patmos Verlag, namentlich mein Lektor, Dr. Ulrich Sander, meine Anregung aufgenommen hat, anlässlich des 100. Todestages am 3. Juni 2024 das Werk von Franz Kafka noch einmal eigens zu würdigen. Ursprünglich war an den Abdruck einer Rede von mir zu Kafka gedacht, aber das Gewicht dieses Autors führte sehr rasch dazu, doch einen größeren Beitrag auszuarbeiten, so wie er jetzt in dieser »Würdigung« vorliegt. Damit erweitert sich der Kreis meiner Arbeiten speziell zum Judentum um einen sechsten Beitrag. Sie umfassen jetzt Einzelstudien zu Heinrich Heine, Theodor Heuss, Martin Buber, Max Brod, Stefan Zweig und Franz Kafka (vgl. das Literaturverzeichnis in diesem Band).

Für kritische Lektüre und hilfreiche Korrekturarbeiten danke ich meinen Schwestern, Gisela Bittner-Brink (Fulda) und Annette Becker (Rottweil), sowie meinem Freund Georg Zilly (Oberhausen) und Irene Kosel (Tübingen).

Zum Autor

Dr. Karl-Josef Kuschel, Professor i. R., Literaturwissenschaftler und Theologe, lehrte von 1995 bis 2013 Theologie der Kultur und des interreligiösen Dialogs an der Fakultät für Katholische Theologie der Universität Tübingen. Seit 2012 ist er Kuratoriumsmitglied der »Stiftung Weltethos« (Tübingen). 2015 wurde er in den Stiftungsrat des Börsenvereins zur Vergabe des jährlichen Friedenspreises des Deutschen Buchhandels berufen und zum Präsidenten der Internationalen Hermann Hesse Gesellschaft gewählt. Mit seinen Veröffentlichungen, die mehrere Auflagen und Neuausgaben erfahren haben, gehört Karl-Josef Kuschel heute im deutschsprachigen Raum zu den wichtigsten Stimmen im interreligiösen Dialog und zur Beziehung von Literatur und Religion in der Moderne. Zum Judentum hat er insbesondere Beiträge vorgelegt zu Martin Buber, Max Brod, Heinrich Heine und Stefan Zweig sowie zu Theodor Heuss und dessen Einsatz gegen den Antisemitismus.

Ein Leben mit der Literatur

Karl-Josef Kuschel
Magische Orte
Ein Leben mit der Literatur

Mit zahlreichen SW-Abbildungen

664 S. |Gebunden mit
Schutzumschlag und Leseband
ISBN 978-3-8436-1391-0

Karl-Josef Kuschel hat ein Leben lang seine Aufmerksamkeit der Literatur und ihren Dichtern gewidmet: persönlich und in der wissenschaftlichen Forschung und Lehre. »Magische Orte« erzählt von seinen Begegnungen mit Menschen und Büchern und mit den Orten, wo Literatur entstanden ist und die der Autor selbst alle aufgesucht hat. Ein erfahrungsgesättigtes Lob des Lebens mit Büchern: der geistigen Freiheit, die sie bedeuten, und der menschheitsverbindenden Wirkung, die sie zeitigen.

VERLAGSGRUPPE PATMOS

PATMOS
ESCHBACH
GRÜNEWALD
THORBECKE
SCHWABEN
VER SACRUM

Die Verlagsgruppe
mit Sinn für das Leben

Die Verlagsgruppe Patmos ist sich ihrer Verantwortung gegenüber unserer Umwelt bewusst. Wir folgen dem Prinzip der Nachhaltigkeit und streben den Einklang von wirtschaftlicher Entwicklung, sozialer Sicherheit und Erhaltung unserer natürlichen Lebensgrundlagen an. Näheres zur Nachhaltigkeitsstrategie der Verlagsgruppe Patmos auf unserer Website www.verlagsgruppe-patmos.de/nachhaltig-gut-leben

Verlagsgruppe Patmos in der Schwabenverlag AG, Ostfildern
www.verlagsgruppe-patmos.de

Umschlaggestaltung: Finken und Bumiller, Stuttgart
Umschlagabbildung: hazyframe / shutterstock
Satz: Schwabenverlag AG, Ostfildern
Druck: GGP Media GmbH, Pößneck
Hergestellt in Deutschland
ISBN 978-3-8436-1518-1